高职高专物流管理类“十三五”规划教材

采购管理

主　编　张俊锋　骆金鸿
副主编　刘晓娜　唐云山　刘海东

WUHAN UNIVERSITY PRESS
武汉大学出版社

图书在版编目(CIP)数据

采购管理/张俊锋,骆金鸿主编．—武汉：武汉大学出版社,2015.12
高职高专物流管理类“十三五”规划教材
ISBN 978-7-307-17046-9

Ⅰ.采…　Ⅱ.①张…　②骆…　Ⅲ.采购管理—高等职业教育—教材
Ⅳ.F253.2

中国版本图书馆 CIP 数据核字(2015)第 248777 号

责任编辑:陈　帆　　　责任校对:李孟潇　　　版式设计:马　佳

出版发行:**武汉大学出版社**　(430072　武昌　珞珈山)
(电子邮件:cbs22@whu.edu.cn　网址:www.wdp.com.cn)
印刷:湖北省荆州市今印印务有限公司
开本:787×1092　1/16　印张:9.25　字数:216 千字　插页:1
版次:2015 年 12 月第 1 版　　2015 年 12 月第 1 次印刷
ISBN 978-7-307-17046-9　　定价:25.80 元

总　序

近年来，随着经济的快速发展，现代物流逐渐成为我国经济生活中的热点，社会需求日趋旺盛。与此相适应的，社会对物流人才的需求也逐年增加。基于此，许多高职高专院校作为职业人才的培养基地，纷纷开设了物流管理专业。

从高职高专人才培养方向来看，物流管理专业培养的主要是物流各功能岗位的操作人员，从事运输管理、仓储管理、报关、理货、配送、客户关系管理等方面的工作。这些岗位的人员必须熟悉物流行业，掌握运输、仓储、包装、装卸、流通、加工、商贸等方面的专业技能知识，并能熟练地运用到实际工作中。因此，在教学过程中，需要重点提高学生的动手能力，提升学生的综合素质，以培养适合社会需求的专业人才，使学生能学有所需，学有所用。

然而，在实际应用中，适用于高职高专人才培养目标的精品教材却非常匮乏。因此，探索和编写技能型、实践型、创新型的精品教材以促进高职高专人才培养目标的实现，是目前高职高专物流管理专业教学的当务之急。

针对上述情况，我们从物流管理专业所需的教育教学技能角度出发，结合物流行业的现实需求，紧密围绕培养高等技术应用型专门人才这一目标，编写了本系列教材。本套教材包括物流管理专业基础课与必修课等核心课程，其编写特点如下：

- **理论“够用”**

区别于以往教材理论部分占比较重，本套教材从岗位能力出发，精选“管用”、“够用”、“适用”的理论知识，从而更好地指导学生的学习，提高学习的效率。

- **突出技能**

内容编写上以高职高专学生必备的职业技能为主线，通过“情境设置”、“项目驱动”、“教学做结合”等形式，以便于学生轻松掌握。

- **讲究实践**

按照培养应用型人才的特点，充分考虑行业、企业所要完成的典型任务，在书中安排实训的环节，激发学生参与教学其中，以提高其动手的能力、解决问题的能力。

- **力求创新**

编写理念的滞后、缺乏创新是导致教材不能发挥应有作用的内在原因。本套教材在编写方式上创新使用了“理论+实例+案例”的形式，并且把枯燥的文字表述转换为图、表的形式，使得全书图文并茂，便于教学，学生使用时也能一目了然。同时，教材中尽量吸收最新的发展成果，以保证教材的时代感。

- **服务教学**

本套教材配有辅助教师教学的丰富的教学资源包，包括技能训练指导、课后习题答案及相关教学资源库等，这些配套的资料，将极大方便教师使用这套教材。

本系列教材主要适用于高职高专学校物流管理专业学生的教学，并可供相关从业人员自学使用。

高职高专物流管理类教材编委会

2015 年 3 月

前　言

随着社会分工的进一步细化，采购管理在企业生产经营活动中的利润杠杆作用日益突出，企业对采购管理人员的需求也在发生着根本性的变化。

按照“工学结合、任务驱动”的项目化教学新思路，本书将采购管理实施的全过程归纳为四个项目：项目一《采购管理基础认知》、项目二《采购的准备工作》、项目三《采购的执行管理》、项目四《采购的评估管理》。这四个项目又被进一步细分为具体的九个任务单元，每个任务单元都对应设有知识目标、技能目标、导入案例、理论知识和思考与练习五个环节。通过这种目标导向的项目化知识结构，体现学生“为什么学、学什么、怎么学”的主体性，同时本书引入大量企业实际案例使学生能将采购管理的相关基本理论、技术和方法融入企业采购管理的实际问题解决中去。

本书由张俊锋负责全书的策划及最后统稿、定稿。具体分工如下：项目一、项目四由刘海东、唐云山、刘晓娜编写；项目二、项目三由骆金鸿、胡琴编写。

本书在写作过程中，参考了不少资料，编者已尽可能详细地在参考文献中列出，在此对这些专家、学者们表示深深的谢意。

由于编者水平有限，加之成书时间较紧，虽然我们尽了最大的努力，但书中仍难免有错误和疏漏之处，恳请有关专家和广大读者批评指正。

编　者

2015 年 11 月

目 录

项目一　采购管理基础认知

任务一　认知现代采购管理理念

☞知识目标

通过本任务的学习，了解采购的含义和作用，知道通常采购的分类和各分类的含义，正确理解并掌握采购的基本原则；熟悉采购管理的概念，清楚采购管理的内容，明白采购管理的重要地位，知道采购管理的发展趋势。

☞技能目标

能界定日常的采购类型，具有根据采购类型特点和采购基本原则进行合理采购的基础能力；明确采购管理的概念，能够简单规划和管理日常采购。

【导入案例】

跨国公司的“大采购”理念

成本乃生存之道，经营效益的好坏与能否有效控制生产成本密切相关。以原材料、零配件采购为例，若采购成本高，生产成本必然也高，反之亦然。因此，采购作为企业为满足特定的需要而发生的外部购买行为，采购管理对企业就意味着使购买物物有所值。

采购管理离不开三个主题：降低成本，保证质量，提高效率。现在，国内大部分企业在采购上存在一个误区，即采购工作就是和供应商搞好关系，然后在这种关系的基础上，与企业需求之间寻求磨合和平衡。在采购行为中，与供应商建立良好的个人关系固然重要，但企业间的利益关系具有决定性。在采购管理方面，一些跨国公司有很多成功的经验值得我们学习。

1. 耐克公司的采购

这家世界运动鞋霸主没有直接的原材料供应商，甚至没有自己的工厂。在很多发展中国家的工厂里，耐克鞋被日夜不停地生产出来，这些工厂拥有自己的原料供应商——布匹、塑料、生产设备等，这些供应商们也同样拥有自己的供应商。耐克的成功在很大程度上是建立在“大采购”战略的基础上。

2. 美国微软公司的采购

从生产到广告，从飞机票到午餐，从仓储到市场调研等，美国微软公司都是通过采购得以实现。在美国微软公司全球的3万余名雇员中，有超过一半的雇员是从事软件开发的，1万人左右做市场和销售工作，另有约4000人从事财务、人事、办公室管理和物流管理工作。其他业务和资源全部通过采购获得。

3. 可口可乐公司的采购

世界饮料工业的头号巨人可口可乐公司也采取了同样的做法。它虽然保留了“可口可乐”工厂，保留了诸如财务、人事等管理职能，但始终把大部分精力投入市场和销售领域。即使在市场部门的工作中，工作的主要内容也是保证通过采购获得消费者研究、零售研究、竞争对手研究等研究结果的准确性，并保证能够应用到公司的渠道策略、广告策略和新产品开发策略中去。近年来，可口可乐公司也开始对生产进行采购，即进行“合作生产”，如“天与地”、“醒目”等。

微软注重研发，可口可乐注重市场，这并非偶然。提到微软，人们首先想到的是好用的软件；提到可口可乐，人们首先想到的是充满活力的广告和地道的美国文化。大概除了供应商本身，没有人会去注意“Office软件的包装是哪里生产的”，“可口可乐的水是哪条河里的”等问题。可以说，对那些成熟的跨国公司而言，它们把资源和注意力更多地放在“核心能力”上面，而对于那些与核心能力无关的业务，则尽量通过采购获得，这是它们的普遍战略，是值得国内企业借鉴的成功之处。

讨论：

1. 本案例体现了什么样的采购理念？

2. 这些跨国公司的采购方法与传统采购有什么不同？

一、认知采购

采购是人类社会最常见并大量存在的经济行为，从古到今这种活动一直就没有停止过。无论是从日常生活到企业运作，还是从民间到政府；也无论是组织还是个人，要生存就要从外部获取所需的有形物品或无形服务，这就是采购。特别是企业采购，它不仅仅是保证生产正常运转的必要条件，也是企业降低成本，提高经营效率和效益的工具。

1. 采购的含义

对于采购的含义，不同的人有不同的理解。通常来说，采购是指采购人或采购实体根据生产、转销、消费等目的，购买商品或劳务的行为，它和销售一样常见。一般来说，采购有广义和狭义之分。狭义的采购就是购买，是指通过商品交换和物流手段从资源市场取得资源的过程，企业往往需要根据需求提出采购计划、审核计划，选择供应商，经过商务谈判确定价格、交货及其他相关条件，最终签订合同并按要求收货付款的过程。在这个过程中，货币成为交易的中介，由买方支付对等的货币代价向卖方换取物品，买方若没有货币则采购行为将难以实现。广义的采购是指除了以购买的方式占有物品以外，还可以采用租赁、借贷、交换及外包的途径来取得物品的使用权，以达到满足需求的目的。租赁是指一方用支付租金的方式取得他人物品的使用权；借贷是指一方凭自己的信用和彼此间的友好关系获得他人物品的使用权；交换是指双方采用以物易物的方式获得物品的使用权和所有权；外包是指企业将一些与企业核心关联性不强的业务外包给别的专业公司以利用其专业优势，从而降低成本的一种新型采购方式。

综上所述，采购是以各种不同的途径，包括购买、租赁、借贷、交换、外包等方式，取得物品的使用权，以达到满足需求的目的。无论是哪种方式，它都包含以下特点：

（1）采购是从资源市场获取资源的过程。

无论是生活，还是生产，采购的意义在于解决自己缺乏的资源问题。这些资源既包括生活资料，又包括生产资料；既包括物资资源（如原材料、设备、工具等），也包括非物资资源（如信息、软件、技术、文化用品等）。资源市场是由能够提供这些资料的供应商组成，企业或个人通过资源市场获取这些资源的方式就是采购。同时，采购也是挑选适合自己的产品或服务的过程。

（2）采购是商流过程与物流过程的统一。

采购的基本作用就是将资源从供应处转移到需求处。在这一过程中，既要实现资源的所有权从供应者转移到需求者，也要实现将资源的物质实体从供应者转移到需求者。前者是一个商流过程，主要通过商品交易、等价交换等方式来实现；后者是一个物流过程，主要通过运输、存储、包装、装卸搬运、流通加工等手段来实现。采购是两个过程的完整结合，缺一不可，只有这两个方面都实现了，采购工作才算完成了。因此，采购实际是商流过程和物流过程的统一。

（3）采购是企业经济活动的主要组成部分。

所谓经济活动，就是要遵循经济规律，追求经济效益。在整个采购活动中，一方面，通过采购获取了资源，保证了企业正常生产的顺利进行，这就是采购的效益；另一方面，在采购过程中也会发生各种费用，这就是采购的成本。要追求采购经济效益的最大化，就要不断降低采购成本，以最少的成本去获取最大的效益。要做到这一点，关键就是要努力追求科学采购。科学采购是实现企业经济利益最大化的基本利益源泉。

值得注意的是，采购不等同于供应。对一个企业而言，采购往往是企业外部活动，是从外面购进；供应是企业内部活动，是将原材料、零部件和半成品从仓库运送到生产一线。采购的对象即“资源”，既包括生活资料，也包括生产资料；既包括物质资料，也包括非物质资料。能够提供这些资源的供应商就形成了资源市场。供应商或卖方向买方提供产品或服务的过程就是供应。可见，供应与采购是两个相辅相成的概念，存在采购，就说明存在需求，供应才有意义；而如果没有供应，就没有物品，采购也就无法进行。同时，一个企业可能同时扮演采购者与供应者两种角色，它既要向供应商采购零部件以满足自身生产的需求，又要向消费者供应产品，把这种情形前后推广，供应过程就形成了一个围绕核心企业，通过对信息流、资金流、物流的控制，从采购原材料到制成中间品及最终产品，最后由销售网络把产品送到消费者手中的一个环环相扣的链状过程。这个过程将供应商、制造商、销售商及最终用户连成一个整体的功能网络结构模式，我们称之为供应链。

2. 采购的作用

采购在企业运行中发挥着重要的作用，就增加企业利润，提高竞争力等方面，具体来说，表现在以下几个方面。

(1) 采购是保证企业生产经营正常进行的必要前提。

物资供应是生产经营的前提，生产经营所需的原材料、零部件、设备和工具都要由采购环节来提供。没有采购，就没有生产经营条件；没有物资供应，就不可能进行日常的生产经营。

(2) 采购是保证产品质量的重要环节。

物资采购质量的好坏直接决定企业产品的质量。能否生产出合格的产品，取决于采购所提供的原材料、零部件以及所需设备、工具的质量。

(3) 采购是控制成本的主要手段之一。

采购成本构成了生产成本的主要部分，包括采购费用、储运费用、资金费用及管理费用等。高额的采购成本将会大大降低生产的经济效益，甚至导致亏损。因此，加强采购的组织与管理，对于节约占用资金，压缩存储成本和加快运营资本周转起着重要的作用。

(4) 采购具有信息管理的作用。

采购人员虽然直接与资源市场打交道，但是资源市场和销售市场是交融混杂在一起的，都处在大市场之中，因此，采购人员也可以及时为企业提供各种各样的市场信息，供企业进行管理决策。市场对企业生产经营的导向作用是通过采购渠道观察市场供求变化及其发展趋势，借以引导企业投资方向，调整产品结构，确定经营目标、经营方向和经营策略。企业生产经营活动是以市场为导向，凭借市场这个舞台而展开的。

(5) 采购是科学管理的开端。

企业物资采购直接与生产相联系，物资采购模式在很大程度上影响着生产模式，因此，如果企业采用一种科学的采购模式，就必然会要求生产方式、物料搬运方式都作相应的变动，从而共同构成一种科学的管理模式。

(6) 采购决定着企业产品周转的速度。

采购是企业生产过程的起点。采购人员必须解决好采购中物资的适时和适量问题。如果采购工作运行的时间、把握的量度与企业其他环节的活动达到了高度的统一，企业就能获得适度的利益。反之，就会造成产品积压，产品周转速度减缓，产品保管费用增加，以至于动用大量人力、物力去处理积压产品，从而造成极大的浪费。

(7) 采购可以合理地利用物质资源。

节约和合理地利用物质资源是开发利用资源的前提。采购工作必须贯彻节约的方针，通过采购工作合理地利用物质资源。①通过合理的采购，企业可以防止优料劣用，长材短用。②优化配置物质资源，防止优劣混用，在采购中要力求优化配置和整体效应，防止局部优化损害整体优化，部分优化损害综合优化。③在采购工作中，要应用价值工程分析，力求功能与消耗相匹配。④通过采购，企业可以引进新技术、新工艺，提高物质资源利用率。⑤要贯彻执行有关的经济、技术政策和法律，如产业政策、综合利用等法规，防止被淘汰的产品进入流通领域，防止违反政策、法律的行为发生，做到资源的合理利用。

(8) 采购具有提高企业盈利能力的作用。

在多数企业中，采购成本在总成本中占有相当大的比重，有些行业的货物成本中90%是采购成本。举例来说，假设采购成本占销售额60%，劳动力成本占12%，一般成本和管理成本占18%，税前利润占10%；若采购成本下降10%，则会使企业的净收益增加6%（60%×10%=6%）。而要达到同样的效果，在其他条件保持不变的情况下，劳动力成本需要减少50%（6%/12%=50%），一般成本和管理成本需要减少33%（6%/18%=33%），销售量需要增加60%（6%/10%=60%）。而增加销量、提高价格不仅要受外部市场的制约，还需要扩大自身的生产能力，提高产品差异化程度，这往往一时很难办到；而要降低工人工资，减少管理费用，困难也很大。而且在企业中，这些方法早已为人们所重视，通过这些方法降低成本的可能性不大。显然，将原材料和服务的采购费用减少10%，要比将销售量增加60%或是将劳动力成本减少一半容易。由于存在利润杠杆的作用，成本节约可以创造更多的利润，因此，越来越多的人认为，采购部门可能成为企业最后一个尚未被开发的利润源泉。

（9）采购具有提高企业竞争优势的作用。

控制采购成本，可使企业的总成本下降，获得价格优势；在源头上抓原材料质量，加强生产管理，可保证产品的质量优势。采购还对交货状况、备货周期、新产品上市时间和经营灵活性等各方面产生影响，并与其共同决定企业的整体竞争优势。

【阅读材料】

降低企业采购管理成本，增加利润

公司的根本目标是追求利润最大化。增加利润的方法之一就是增加销售额。假设某公司购进50000元的原材料，加工成本为50000元，若销售利润为10000元，需实现销售额110000元。如果将销售利润提高到15000元而利润率不变，那么销售额就需实现165000元。这意味着公司的销售能力必须提高50%，这是非常困难的。还有一种方法也可增加利润，假定加工成本不变，可以通过有效的采购管理使原材料只花费45000元，节余的5000元就直接转化为利润，从而在110000元的销售额上把利润提高到15000元。

3. 采购的分类

采购依据不同的标准有不同的分类，通常采购有以下几种分类。

（1）按采购的范围分类。

按采购的范围分类，可分为国内采购与国外采购。

①国内采购。国内采购主要是指在国内市场采购，并不是指采购的物资一定都是国内生产的，也可以是从国外企业设在国内的代理商处采购所需物资，只是以本国货币支付货款，不需以外汇结算。国内采购又分为本地市场采购和外地市场采购两种。通常，采购人员应首先考虑本地市场采购，以节省采购成本和时间，减少运输距离，保障供应及时性；在本地市场不能满足需要时，再考虑从外地市场采购。

②国外采购。国外采购是指国内采购企业直接向国外厂商采购所需物资的一种行为。这种采购方式一般通过直接向国外厂方咨询，或者向国外厂方设在国内的代理商咨询采购事宜，主要采购对象为成套机器设备、生产线等。国外采购的优点主要是质量有保证、低

价、利用汇率变动获利，但也存在一些不足，包括交易过程复杂，影响交易效率；需要较高的库存，加大了储存费用；催货、纠纷索赔困难，无法满足紧急交货。尽管国外采购存在一定的风险，但由于中国在新材料、设备等方面技术相对落后，所以国外采购仍然是中国企业采购的一种重要途径。

国外采购的对象为：国内无法生产的产品，如电脑制造商需要的CPU；汽车制造商需要的光电控制系统；无代理商经销的产品，通常直接进行国外采购；在价格上占据优势的国外产品，如进口汽车、农产品等。

（2）按采购的时间分类。

按采购的时间分类，即按照采购商与供应商之间交易时间的长短，一般分为长期合同采购与短期合同采购两类。

①长期合同采购。长期合同采购是指采购商和供应商通过合同，稳定双方的交易关系，合同期一般以1年为限。长期采购合同的优势为：有利于增强双方的信任和理解，建立稳定的供需关系；有利于降低双方用于价格洽谈的费用；有明确的法律保证，能够维护双方各自的利益。但是，这种方式也存在如下不足：价格调整困难，如市场供求关系变化，采购方要求供应方调整价格有一定难度；合同数量固定，采购数量调整有难度；采购人员形成了对供应商的依赖，缺乏创新意识，如果在合同期内，采购商有了更好的供货渠道，也将影响采购商的选择。

长期合同采购，使供需关系稳定，主要适用于采购方采购量大且连续不断的情况，如企业的主要原材料、燃料、动力；主要设备及配套设备，如空调生产企业需长期采购压缩机，发电厂需签订长期供煤合同等。

②短期合同采购。短期合同采购指采购商和供应商通过合同实现一次交易，以满足生产经营活动的需要。短期采购双方之间关系不稳定，采购产品的数量、品种随时变化，对采购方来讲有较大的灵活性，能够依据变化的市场环境，调整供货量或选择供应商。但是，由于这种关系的不稳定性，也将出现价格洽谈、交易及服务等方面的不足。短期采购适用于如下情况：非经常消耗物品，如机器设备、车辆、电脑等；补缺产品，由于供求关系变化，为弥补长期合同造成的供货中断，以签订短期合同作为补充；价格波动大的产品采购，因为这种产品的供应商和采购商都不希望签订长期合同，以免利益受损；质量不稳定产品，如农产品、新试制产品等一般也是一次性采购。

（3）按采购的主体不同分类。

采购主体即承担具体采购任务的人员。按采购主体不同，可将采购分为个人采购和组织采购两类。

①个人采购。个人采购是指消费者为满足自身需要而发生的购买消费品的行为。如购买生活必需品、耐用品等，实质上是一种习惯上的购买活动，购买对象主要为生活资料，其特点为单次、单品种、单一决策，购买过程相对简单。

②组织采购。组织采购是为实现组织目标而发生的采购行为。按组织的经济活动分类，特别是从采购的角度，一般可分为家庭、政府、事业单位、军队、企业等。家庭通常以生活资料的购买为主；政府、事业单位、军队通常按照相关的国家法律、法规，在一定金额内实行招标采购；企业是社会经济的主体部分，因而企业采购也就成为组织采购的重点。

(4) 按采购的对象分类。

商品采购，按采购对象的输出形态的不同或采购物品的范围或采购物品属性的不同，可以分为有形采购和无形采购。

①有形采购。采购输入的结果是有形的物品，如汽车、电脑、矿石、机床等，这样的采购称为有形采购。有形采购主要是指采购具有实物形态的物品，如原料、辅料、半成品、零部件、成品、投资品或固定设备及保养、维修及运营物品等。

②无形采购。无形采购是相对于有形采购而言的，其采购输入结果是不具有实物形态的技术或服务等，如服务、软件、技术、保险及工程发包等。无形采购主要是咨询服务采购和技术采购，或是采购设备时附带的服务。

(5) 按采购的方法分类。

①JIT 采购。JIT 采购也称准时化采购，是一种完全以满足需求为依据的采购方法。它对采购的要求是供应商在用户需要的时候，将合适的品种、合适的数量送到用户需求的地点。它以需求为依据，改造采购过程和采购方式，使它们完全适合需求的品种、需求的时间和需求的数量，做到既灵敏响应需求的变化，又使得库存向零库存趋近。这是一种比较科学、理想的采购模式。

②MRP 采购。物资需求计划（Materials Requirements Planning，MRP）主要应用于生产企业，是生产企业根据主生产计划（Main Production Schedule，MPS）和主产品结构及库存情况，逐步推导出生产主产品所需要的零部件、原材料等的生产计划和采购计划的过程。这个采购计划规定了采购的品种、数量、采购时间和到货时间，计划比较精细、严格。它也是以需求分析为依据，以满足库存为目的。它的市场响应灵敏度及库存水平都比以前的方法进步。

③供应链采购。准确地说，它是一种供应链（supply chain）机制下的采购模式。在供应链机制下，采购不再由采购者操作，而是由供应商操作。采购者只需要把自己的需求规律信息即库存信息向供应商连续、及时传递，供应商则根据采购商产品的消耗情况变化，不断及时、连续、小批量补充库存，保证采购商既满足需要又保持总库存量最小。供应链采购对信息系统、供应商的操作要求都比较高，也是一种科学、理想的采购模式。

④电子商务采购。电子商务（Electronic Commerce，EC）采购就是网上采购，是在电子商务环境下的采购模式。企业间电子商务是指组织间通过电子商务达成交易，电子采购是中心功能，成功的 B2B 有助于企业节约大量成本，并极大地提高生产效率。电子采购在降低成本，提高商业效率方面比在线零售和企业资源计划（Enterprise Resources Planning，ERP）更具潜力，会永久地改变传统的商业模式。

(6) 按采购的形式分类。

从采购实际出发，经常采用的采购形式主要有招标采购、议价采购和比价采购三种。

①招标采购。所谓招标采购，是指通过公开招标的方式进行物资和服务采购的一种行为。它是政府及企业采购的基本方式之一。招标采购，其最大的特征是公开性，凡是符合资质规定的供应商都有权参加投标。

②议价采购。所谓议价采购，是指由买卖双方直接讨价还价实现交易的一种采购行

为。议价采购一般不进行公开竞标，仅向固定的供应商直接采购。议价采购分两步进行：第一步，由采购商向供应商分发询价表，邀请供应商报价；第二步，如果供应商报价基本达到预期的价格标准，即可签订采购合同，完成采购活动。议价采购主要适用于需求量大、质量稳定、定期供应的大宗物资的采购。

议价采购的优点为：节省采购费用；节省采购时间；采购中灵活性大，可适应环境变化，对采购规格、数量及价格作调整；有利于与供应商建立互惠双赢关系，稳定供需关系。议价采购的缺点是：议价往往价格较高；缺乏公开性，信息不对称；容易形成不公平竞争等。

③比价采购。所谓比价采购，是指在买方市场条件下，在选定两家以上供应商的基础上，由供应商公开报价，最后选择报价最低的供应商的一种采购方式。实质上，这是一种供应商有限条件下的招标采购。

这种采购方式的优点为：节省采购的时间和费用；公开性和透明度较高，能够防止采购"黑洞"；采购过程有规范的制度。缺点是：在供应商有限的情况下，可能出现"轮流坐庄"或"恶性抢标"的现象，使供应品种、规格出现差异；可能影响生产效率的提高，并增加消耗。

此外，按照采购组织模式划分，还有集中采购、分散采购、混合采购等；按照采购手段划分，有传统方法采购与电子方法采购；按照支付对价的方式划分，可以分为购买、租赁、委托（雇佣）、借贷、征收、交换；从库存控制角度划分，有定期采购与定量采购等。

4. 采购的基本原则

采购的基本原则，通常是指采购工作中应遵循的准则或工作要求。采购工作除了遵循国家的各项相关法律法规、方针、市场原则，以及企业的各项规章制度之外，还要遵守"五不"、"五权分离"、"六优选"及"5R"等原则。下面具体讲述后四项原则。

(1)"五不"采购原则。

所谓"五不"采购原则，是指无计划不采购、"三无"产品不采购、名称规格不符不采购、无资金来源不采购、库存已超储积压的物资不采购。所谓"三无"产品，是指一无厂址，二无生产日期，三无批准文号的产品。实际上"五不"采购原则是5R原则的一个延伸。

(2)"五权分离"原则。

所谓"五权分离"原则，是指计划审批权、采购权、合同审查权、质量检验权、货款支付权五权分离原则。这5种权利之所以要分开，主要是因为分工明确可以使各项工作有序地进行，同时可以有效地防止采购人员徇私舞弊的行为发生，从而更好地维护企业利益。

(3)"六优选"原则。

所谓"六优选"原则，是指在同等条件下，质优价低优选、本单位优选、近处单位优选、老供货商优选、直接生产单位优选、信誉好的单位优选。"六优选"采购原则可以在保证采购质量的前提下，较好地平衡各方的利益。

(4)"5R"原则。

所谓"5R"原则，是指适时（Right Time）、适质（Right Quality）、适量（Right

Quantity)、适价（Right Price)、适地（Right Place）地从供应商手里购买所需要的商品。

①适当的时候，即采购的时机问题、时间问题。在现代供应链的环境下，采购理论一般建立在零库存理论和及时供给理论的基础上，也就是说，在不影响企业商业活动及客户利益的基础上大量减少库存持有量。因此，就需要在最需要的时候，购回企业商业活动所需要的商品。一般采购时机选择的依据是仓库管理的订货时点控制、连锁企业的销售时点控制、生产企业的 MRP 管理等。

②适当的品质。企业采购的物品质量关系到所生产产品的质量，关系到企业的名誉，是企业质量生命线的源头。采购的物品质量不过关，会对企业造成很严重的后果。它可能导致生产计划的延误、返工率的增加、检验成本的增加及管理费用的剧增等后果。因此，具有适当品质的产品应具有适当性、可用性和经济性，这是指根据生产需要，在合理的时间内，使采购费用维持在最低水平，可随时以合理的价格获得充分的数量。

③适当的数量。产品的采购可以一次性采购，也可以分批量采购，究竟采取哪一种采购方式要根据生产需要、物料损耗、搬运和仓储费用来确定。当然，不管采用哪种方式，都要以适量库存为基本要求，因为任何形式的超量采购都会导致库存的产生，最终浪费的是企业宝贵的流动资金。

④适当的价格。所谓适当的价格，是指在满足数量、质量、时机的前提下支付最合理的价格。适当的价格能够确保企业的有利竞争地位，并在维持买卖双方共赢的前提下，使供应链朝着健康的方向发展。

⑤适当的地点。对地点的选择是采购中很重要的一环。因为在产品的数量、品种、价格选定后，供应商的选择关系到最终的交货地点和交货时间，也就关系到最终的采购费用。在实际采购过程中，企业一般会利用“群集效应”和“JIT 理论”，在沟通方便、处理事务快捷便利、降低采购成本等方面的基础上综合考虑，选择最佳供应商、最佳供货地点。

除此之外，还要考虑从合适的客户处即供应商处采购，以合适的方式或手段来采购。只有这样才能真正保持采购工作目标的顺利实现。

二、认知采购管理

1. 采购管理的概念

采购与采购管理是两个不同的概念，如果企业采购处于一种自发状态，没有实施有效的计划、组织与控制管理，那么可以说企业有采购活动，却没有采购管理。在考虑风险、资金占用、适度规模、及时性和成本等因素的条件下，通过实施科学的采购管理，可以合理选择采购方式、采购品种、采购批量、采购频率和采购地点，可以以有限的资金保证生产经营的需要，为企业降低成本，加速资金周转和提高产品质量作出积极的贡献。

采购虽然是指具体的采购业务活动，是作业活动，一般是由采购人员承担的工作，只涉及采购人员个人，其使命就是完成采购科长布置的具体采购任务，其权力只能调动采购科长分配的有限资源；但是，采购本身也有具体的管理工作，它属于采购管理。采购管理本身，又可能直接涉及具体的采购业务的每个步骤、每个环节、每位采购人员。可见，采购管理与采购又是有联系的。

总之，采购管理是企业管理的重要职能，也是企业专业管理的重要领域之一。生产加工或流通企业的原材料、物料物品、经营商品或政府部门的办公用品、机械设备等的采购工作，都与企业或机关单位的生产成本、销售成本和费用成本的结构有着密切的关系。采购管理工作的好坏，直接影响到企业的经济效益。所以，采购管理也是一门深奥的学问。

所谓采购管理（Purchasing Management，PM）是指为保障整个企业物资供应，实现企业的经营目标而对企业采购过程进行的计划、组织、协调、控制等一系列活动。科学采购构成了采购管理的内涵，即用最小的投入获得较大的产出。它所面对的是整个企业，而不仅仅是企业中的采购人员（因为企业组织的其他成员也要进行有关采购的协调配合工作），他们的使命是保证整个企业的物资供应，同时，为保证进行合理的采购活动，他们也拥有调动整个企业资源的权力。因此，它是组织行为，不是个人采购行为，也不是一般家庭采购行为。

当然，也有人从采购活动角度出发给采购管理下定义，认为采购管理是计划下达、采购单生成、采购单执行、到货接收、检验入库、采购发票收集到采购结算的采购活动的全过程，对采购过程中物流运动的各个环节状态进行严密的跟踪、监督，实现对企业采购活动执行过程的科学管理。

2. 采购管理的地位

在现代企业的经营管理中，采购管理已变得越来越重要。一般情况下，企业产品的成本构成中采购占较大的比例，高达60%~70%，因此外购条件与原材料的采购成功与否在一定程度上影响着企业的竞争力。采购管理是企业经营管理的核心内容，是企业获取经营利润的一个重要源泉，也是获取竞争优势的来源之一。随着全球经济一体化和信息时代的到来，采购及采购管理的工作被提升到一个新的高度。

（1）采购管理在供应中的地位。

采购的供应地位，处于源头地位。无论是工业企业还是商业企业，对采购的源头作用都不能忽视。因为有了采购，生产才会有原材料、零部件、燃料等生产资料；有了采购，经营才会有源源不断的商品。因此我们说，采购是企业生产经营的开端，是整体供应链中“上游控制”的主导力量。

同时，从商品生产和交换的整体供应链中可以看出，每个企业既是顾客又是供应商，任何企业的最终目的都是满足顾客的最终需求，以获得最大的利润。企业要获取较大的利润，可采取的措施很多，如降低管理费用，提高工作效率等。但是，企业一般想到的是加快物料和信息的流动，因为它可以提高生产效率，缩短交货周期，从而使企业在相同的时间内创造更多的利润，同时，顾客也会因为企业及时、快速的供货而对企业信心倍增，有可能因此增加订单。这样一来，企业就必须加强采购力量，选择恰当的供应商，并充分发挥其作用。

（2）采购管理在企业销售工作中的地位。

物资采购作为企业销售经营业务的先导环节，只有使购进物资的品种、数量、质量符合市场需要，产品销售业务才能实现高质量、高效率、高效益，从而达到采购与销售的和谐统一；反之，则会导致购销之间的矛盾，影响企业功能的发挥。因此，产品销售工作质量的高低，在很大程度上取决于物资采购的质量，而销售活动的拓展和创新也与产品采购的规模和构成有直接关联。

（3）采购管理在企业研发工作中的地位。

从某种程度上讲，没有采购支持企业研发，成功率会大打折扣。一种情况是，研发人员经常感觉到，因为采购不到某种物料，或者受到某种加工工艺的限制，导致设计方案难以实现。另一种情况是，设计人员费尽心思所获得的研发样品在功能上与同行业的水平相去甚远，或者即使性能一样，但外观、体积、成本、制造方便性、销售竞争等许多方面都明显落后，这主要应归结于研发人员的信息滞后，对先进元器件了解甚少，表现为采购方面的支持力度不够。

随着时代的变化和技术的进步，产品研发周期极大地缩短，产品开发“同步工程”应运而生。以计算机为代表的信息产业产品日新月异，产品更新换代几乎是以指数的速度上升。企业之所以能做到这一点，是由于通过采购将供应商纳入了企业产品研发的过程中。通过采购尽早地使供应商参与到企业自身的产品研发过程中来，不仅可以利用供应商的专业技术优势缩短产品研发时间，降低产品研发费用和产品制造成本，还能更好地满足产品功能性的需要，提高产品在整个市场上的竞争力。

（4）采购管理在项目中的地位。

任何项目的执行都离不开采购活动，如果采购工作准备不足，不仅会影响项目的顺利进行，而且还会影响项目的预期效益，甚至会导致项目的解体。采购工作是项目执行的关键环节，而且是构成项目执行的重要内容。采购工作能否经济、有效地进行，不仅会影响项目成本，而且还会影响项目管理的充分发挥。一般来说，银行贷款是按照项目实施中实际发生的费用予以支付的。因此，采购延误会直接影响银行对贷款支付的进程，采购进度基本上决定了支付的快慢。从以往的项目管理经验中可知，项目招标过程中支付贷款的滞后，大多数是由采购不及时造成的。同时，采购问题一直是银行贷款项目检查中重点讨论的核心问题。

（5）采购管理的质量问题。

采购包括数量、交货期、质量、成本和服务五项要素，而其中最重要的是质量。质量是核心，只有在质量好的基础上才能进一步要求数量、交货期、成本和服务，否则，没有质量的采购将成为毫无意义的活动。采购质量的好坏直接关系到产成品质量。一般企业都依质量控制的程序将其划分为来货质量控制、过程质量控制及出货质量控制。供应商上游质量控制得好，不仅可以为下游质量控制打下基础，同时可以降低质量成本，减少企业来货检验费（降低来货质量控制检验频次甚至免检）等。经验表明，一个企业要是能将质量管理精力的 1/4～1/3 花在供应商的质量管理上，那么企业自身的质量（过程质量及出货质量）水平起码可以提高 50%，可见，通过采购将质量管理延伸到供应商，是提高企业自身质量水平的基本保证。而采购活动质量的好坏，往往取决于采购活动的计划、组织、执行、领导与协调等质量，即采购管理水平的高低。

（6）采购管理在成本控制中的地位。

尽管企业的经济效益是在商品销售之后实现的，但效益高低却与物资购进的时间、地点、方式、数量、质量、品种等采购业务有着密切的关系。企业的经济效益是直接通过利润额来反映的，而物资采购过程中支付费用的多少同利润额成反比，因此购进物资的质量和价格对企业经营的效益有很大的影响。采购工作能否做到快、准、好，对于企业能否生产适销对路的产品，增加销售收入是至关重要的环节。为了提高经济效益，必须注重对采购工作的计划、组织、指挥、协调和监控。

在全球范围内企业产品的成本构成中，采购的原材料及零部件成本占企业总成本的比例因行业不同而各异，大致范围在30%～90%，平均水平在60%以上。从世界范围来看，对于一个典型的企业，一般采购成本（包括原材料和零部件）要占60%，工资和福利占20%，管理费用占5%，利润占5%。而在中国企业中，各种物资的采购成本要占到企业销售成本的70%以上。显然，采购成本是企业成本管理的主体和核心部分，采购是企业管理中“最有价值”的部分，被赋予了“价值地位”。

（7）采购管理在企业经营管理中的地位。

随着现代经济的快速发展，许多企业都将供应商看作自身企业的业务延伸，并与供应商建立战略合作伙伴关系。在企业不直接投资的前提下，充分利用供应商的能力为其开发、生产产品。这样，一方面可以节省资金，降低投资风险；另一方面又可以利用供应商的专业技术优势和现有的规模生产能力，以最快的速度形成生产能力，扩大产品生产规模。现在，很多企业对供应商的利用范围逐渐扩大，由原来的提供原材料和零部件扩展到生产半成品，甚至成品。

【阅读材料】

一个节省6万英镑的电话

观察新客户的办公用品往往能让我“感觉”到这家公司是怎么采购的。2006年，在一家专业服务公司打工的第一天，我注意到这家公司正在购买一种带有水印的信笺，水印独具特色，是前年两家公司合并时用的徽标。我知道这定做的水印很贵，在商业组织中并不常见。而且很快我又知道，这家公司因为这个水印，比那些普通信笺多掏了67%的费用，也就是每年15万英镑，比购买普通信笺的9万英镑，多付了6万英镑！我曾问过有关采购人员能不能不要这个水印，把节余的6万英镑转为以后的订货。他说绝对不可能，业务开发部经理对此会大发雷霆的。

可是我打电话联系了业务开发部经理之后，他却根本就不知道他们竟然多花了6万英镑来买信笺上的水印。当他知道为此一年多花了6万英镑之后，立刻同意不要这个水印。一年节省了6万英镑，就因为问了一个简单的问题。

在某些采购种类中，可以通过将名牌产品改用普通商家的“自有品牌”而节约大笔资金，办公用品就是一个很好的例子。有一些大型办公用品公司自己生产的办公用品与那些名牌产品使用起来相差无几，可是价格却要低得多。只要做一些恰当的改变，就没有降不下去的成本，而这些改变可以通过供应商来实现。

3. 采购管理的内容和过程

企业采购管理的基本任务有三个：一是要保证企业所需的各种物资的供应；二是要从

资源市场获取各种信息，为企业物资采购和生产决策提供信息支持；三是要与资源市场供应商建立友好且有效的关系，为企业营造一个宽松有效的资源环境。其中第一项是最重要、最根本的任务，如果第一项搞不好，就不能称为采购管理。为了实现采购管理的基本模式，采购管理需要有一系列的业务内容和业务模式。采购管理的基本内容和模式如图1-1所示。

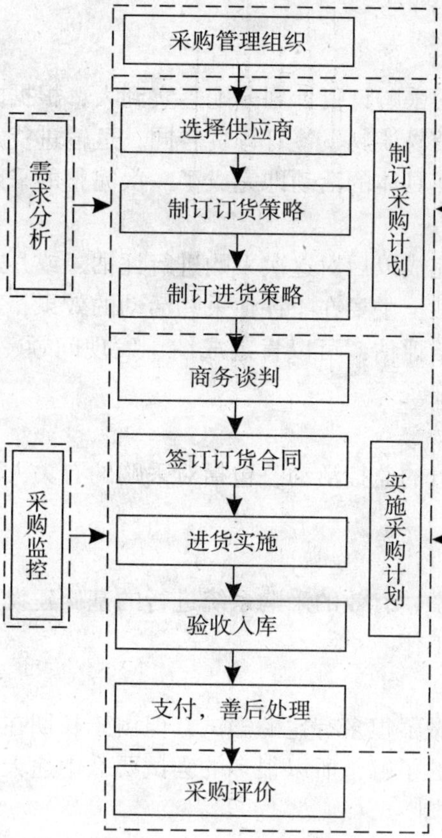

图 1-1 采购管理的基本内容和模式

（1）采购管理组织。

采购管理组织是采购管理最基本的组成部分，为了搞好采购管理工作，需要有一个合理的管理机制和一个精悍的管理组织机构，要有能干的管理人员和操作人员。

（2）需求分析。

需求分析就是要弄清企业需要采购什么品种，需要采购多少，什么时候需要什么品种，需要多少等问题。作为企业的物资采购供应部门应当掌握企业的物资需求情况，制订物料需求计划，从而为制订出科学合理的采购订货计划作准备。

（3）资源市场分析。

资源市场分析就是根据我们企业所需求的物资品种，分析资源市场的情况，包括对资源分布情况、供应商情况、品种质量、价格情况、交通运输情况等。资源市场分析的重点是供应商分析和品种分析，分析的目的是为制订采购订货计划作准备。

(4) 制订采购计划。

制订采购计划是根据需求品种情况和供应商的情况，制订切实可行的采购订货计划，包括选择供应商、供应品种、具体的订货策略、运输进货策略以及具体的实施进度计划等，具体解决什么时候订货、订购什么、订购多少、向谁订、怎样订、怎样进货、怎样支付等问题。

(5) 采购计划实施。

采购计划实施就是把制订的采购订货计划分配落实到人，根据既定的进度实施。具体包括联系指定的供应商、进行贸易谈判、签订订货合同、运输进货、到货验收入库、支付货款以及善后处理等。通过这样具体的活动即完成了一次完整的采购活动。

(6) 采购评价。

采购评价就是在一次采购完成以后对这次采购进行评估，或月末、季末、年末对一定时期内的采购活动进行总结评估，主要在于评估采购活动的效果，总结经验教训，找出问题，提出改进方法等。通过总结评估，可以肯定成绩、发现问题、制定措施、改进工作，是不断提高采购管理水平的保证。

(7) 采购监控。

采购监控是对采购活动进行的监控活动，包括对采购的有关人员、采购资金、采购事物活动进行监控。

(8) 采购基础工作。

采购基础工作是为建立科学、有效的采购系统进行的基础建设工作，包括管理基础工作、软件基础工作和硬件基础工作。

4. 采购管理的趋势

国内企业在采购管理方面做了很多有益的尝试，但由于长期在计划经济的模式下养成的思维方式和缺乏对国外管理的了解，所以很多的尝试要么中途夭折，要么走了回头路。

(1) 采购管理的中心化趋势。

采购的竞争优势是企业核心竞争力的重要内容。采购中心化可以集中全公司和集团的采购力，对整个供应市场产生影响，使集团采购处于有利地位；也由于一个窗口对外，便于公司对供应商进行管理，便于公司整体资源的优化。

如海南航空公司在兼并“新华航空”、“长安航空”和“山西航空”后，将采购权限收回海南中央本部。

(2) 采购管理的专业化趋势。

在传统采购组织中，采购管理发挥不了很大作用，一方面由于领导对采购的认识具有局限性，采购环境恶劣，以及对采购舞弊具有恐惧感；另一方面也由于采购员和采购组织软弱无力和技能缺乏，从而造成采购的低技术性。

采购员需要了解购买的物品，了解产品的原理、性能要求，了解市场行情、价格走势，需要了解供应商的实力、供应商报价的合理性，实地考察供应保证能力，需要极强的谈判能力和计划能力，有能力在保证供应的同时保证价格和质量标准。所有这些能力不是一蹴而就的。

总的来说，作为专业采购员需要掌握至少一门符合企业实际需要的有关采购的专业知识，他需要了解世界市场变化和供些商的表现，英语表达和沟通能力，计算机网络知识也很需要，同时还需要了解有关计算机设备、软件、广告、印刷、办公物品与服务、技术服务、电源等方面的知识。至于资深采购专家，则需要具备项目管理、财务管理、供应链管理等专业技能。

（3）采购管理的职能化趋势。

前几年，很多公司的采购部门向生产部门经理汇报工作，也就是说采购部门隶属于生产部门。生产部门要什么，采购部门就买什么；生产部门什么时候要，要多少，采购就赶紧买来。

近年来，越来越多公司的采购部门从生产部门或其他部门中独立出来，开始直接对总经理、副总经理负责，采购部门发挥着越来越大的作用。采购职能也从原来被动地花钱，开始有了节省资金，满足供应，降低库存等一系列指标。采购员不再仅仅是去砍价，他要从资金使用和管理的角度、从满足客户要求的最低成本的角度去花钱。

当然，采购欲完成这些任务绝不会是从独立的采购部门形成后就可以直接做到的。采购要做好采购需求分析、采购计划、资金占用计划，控制和形成采购供应战略，管理好战略供应链资源和供应商资源，让采购成为供应链管理中强有力的一环，将生产计划、物料计划、采购、仓储、运输集成一个反应迅速、总成本低、物流速度快、响应市场要求的灵敏的链条。当然，这样就对采购管理者和采购员的素质有了更高的要求。

【案例分析】

TCL集团的采购管理策略

如何有效运用供应链是现代企业面临的重大难题之一。当前，加强供应链管理已成为TCL集团经营管理的主要工作内容之一。

在供应链管理中，TCL集团首先是建立采购招标管理平台，规范采购业务流程和采购人员的行为。众所周知，国内众多知名家电企业在连年“价格战”的驱动下，已另辟蹊径，把眼光放在了加强采购供应链的管理上，并且收到了较好的成效。例如，曾连续两年亏损且即将被摘牌的科龙集团，在格林柯尔入主科龙之后，顾雏军出任董事长之初，就对科龙原有的采购组织系统进行变革调整，建立采购竞标管理平台，成立采购管理工作组。所有供应商凡是在品质、交货期、资信等方面得到科龙认证通过后，都可以参与科龙的采购竞标活动。采购工作组通知合格供应商到科龙集中上网竞标，即每家供应商的代表进入科龙事先设定好的小房间用电脑上传资料报价竞标，所有供应商均不与采购人员见面，采购人员通过网上报价确认供应商，仅此一项就在顾雏军入主科龙的头一年，降低采购成本几千万元。2005年9月，TCL移动通信有限公司也导入采购电子招标系统。由此可见，成效是巨大的，效果是明显的。

众所周知，对于技术性一般的企业，其物流采购成本比例在30%~80%；对于高新技术产业公司，其采购成本比例一般为10%~30%；对于多年成熟的简单技术，采购成本比例可能高达90%，如电话机售价100多元（每台，下同），厂家仅有几元利润。由此可见，如何使企业在白热化的竞争中求生存，谋发展，不仅要在研发、销售、制造上寻找改进点，而且也需要在物流采购供应链上挖掘潜力，并采用一套科学、系统有效的物流采购管理操作平台去指导、改善和实施物流采购运作，形成企业独有的物流采购优势，以促进研发，保障生产需求的供应，为企业参与市场竞争，获得持久发展提供动力，同时也是杜绝采购腐败的一剂“良药”。

结合TCL供应链实战案例，建立现代企业物流管理平台应该依据“强化管理，理顺职能，明确职责，规范业务，杜绝腐败，降低成本，高效运作，增加收益”原则，把握好物流采购管理操作平台的7个组成部分，即把握好采购计划与预算子系统、供应商开发管理子系统、采购管理制度、工作标准、动作程序与作用流程子系统、采购策略规划子系统。采用积极的对策迎接挑战，使企业的采购活动由被动变为主动，化劣势为优势，从而使企业在未来的发展中获得良好的采购效益。

思考：

1. TCL集团的采购管理策略是什么？为什么？

2. 本案例给你的借鉴与启示是什么？

任务二　认知采购组织

☞知识目标

通过本任务的学习，了解采购组织结构形式，熟悉采购组织的建立方法，正确理解采购部门的职责；掌握采购部门各个工作岗位的职业技能要求，熟悉企业采购人员的选拔与任用的基本要求。

☞技能目标

明确各种采购组织的结构形式和各自的优劣势；具有根据企业实际需要组建对应采购组织形式的能力；明确采购部门职责和作用；能够明确采购相关岗位人员的职业素质要求和企业选拔与任用的方法。

一、采购组织类型

企业采购管理第一项工作，就是要建立一个完善的采购管理组织机构，这对于进行企业采购管理非常重要。首先，企业采购管理组织体现了一种适合企业具体情况的采购管理制度。采购管理组织结构一定下来，采购管理的权限、职权范围、审批权限、工作内容也就一一定下来，有利于采购管理工作的顺利开展。其次，采购管理组织既是企业采购管理的司令部，又是企业采购业务工作的行动部，可以保证采购业务工作高效有序地开展；建立一个完善的采购管理组织，有利于精简机构，缩短管理流程，做到分工明确、权责分明、事事有人管，可以提高工作效率；有利于深入研究企业采购管理工作的规律，逐渐形成采购管理工作的标准规范和一系列的规章制度，指导企业日常采购管理工作和业务工作的正常进行，以及探索发展更加科学先进的采购管理工作方法和工作手段，使企业采购管理工作走向正轨。因此，企业采购工作的成败，在很大程度上取决于我们所组建的采购管理组织是否科学、系统、可行。

1. 采购管理组织的含义

采购管理组织是指为了完成企业的采购任务，保证生产经营活动的顺利进行，由采购人员按照一定规则组建的采购团队。

2. 采购组织的地位

采购部是公司对外和对供应商的唯一窗口，也是能对公司客户产生极大作用的组织。它是连接公司客户和供应商的纽带。

对外，它可以选择和管理供应商，控制并保证价格优势；对内，它可以控制采购流程，保证采购质量和交货周期，能够满足公司生产和市场的需要一般来说，采购组织根据企业结构的不同，在企业组织中可以隶属于生产部、行政部、材料部或高层决策层。

3. 采购管理组织设置的原则

采购管理组织，是采购管理最基本的组成部分。为了搞好现代企业复杂而繁多的采购管理工作，需要有一个精干的管理组织机构，要有一些能干的管理人员和操作人员。建立一个高效的采购组织，不仅可以有效地控制采购的成本，以尽可能便宜的价格获得符合企业需要的产品，而且采购组织的工作状况直接影响整个企业的运作流程和竞争优势。面对各种不同的组织类型，如何有效选择和设计适合自己的采购组织是每个企业必须要考虑的问题，因此采购管理部门应该依据以下原则进行设置。

（1）部门设置应同企业的性质和规模相适应。采购机构的设置同企业的性质、产品、规模等有直接的关系。比如，石油企业的原材料一般需要一些专业人员采购，并往往直接向最高领导汇报；小公司可能仅仅设置一个简单的供应部门负责原材料的采购，而大型企业或跨国公司则常设有集团采购部或中央采购中心负责采购。

（2）部门设置应同企业采购目标、方针相适应。如果说企业产品质量不好，而影响产品质量的主要因素是原材料，则改进供应商原材料质量的责任主要在采购部门，那么采购部门就应该配备相应的品质工程师，或者赋予采购部门以相应的职责，以使其指挥相关部门的人员参与原材料质量的改进。

（3）部门设置应同企业的管理水平相适应。如果企业导入了 MRP 或 JIT 系统，那么采购的需求计划、订单开立、收货跟单均可通过 MRP 或 JIT 系统操作控制，其采购机构的设置显然有别于手工作坊式的企业。

（4）采购部门设置要与组织管理设计相适应。采购组织的设计要遵循权责清晰、合理分工的原则。有效的采购组织必须是按照组织中员工的能力和素质进行合理分工，利用管理幅度原则，明确合理的管理层次以及每一个层次中人员的安排，使每个人的职责明确，以便各负其责，责任到人。实现组织中责权相互制衡、责权对等统一。

4. 采购组织的类型

按照采购组织设计的原则，在充分考虑影响采购组织机构设计因素的前提下，不同的企业有不同的采购组织机构，按企业规模大小划分，一般有以下几种采购组织机构形式：

（1）中小企业的采购组织。

中小企业的采购组织设计在采购管理中相对比较简单，一般由一个采购部门来负责整个企业的原材料和设备的采购。但是，不同的企业结构形式，它的采购组织也是不同的，主要有平行的采购组织结构、生产导向的采购组织结构、体系独立的采购组织结构三种。

①平行的采购组织结构。

在平行的采购组织结构中，采购部门直接归总经理督导，关系简单，权力集中，权责分明，联系简捷，决策速度快。这种结构提升了采购人员的地位和执行能力，可以降低成本，使采购部门真正成为公司利润的重要来源，适合生产规模不大，材料在制造成本中所占比率较高的企业。而对于较大的企业，总经理一般很难进行这样大跨度管理的指挥控制。

②生产导向的采购组织结构。

在生产导向的采购组织结构中，采购部门隶属生产部门管辖，其主要职责是协助生产的顺利进行。因此，采购工作的重点是提供足够的物料数量以满足生产需求，至于议价的功能则退居次要地位。这种组织结构比较适合以生产为导向的企业，其采购功能比较单纯，物料价格也比较稳定。

③体系独立的采购组织结构。

在体系独立的采购组织结构中，采购部门隶属行政部门管辖，独立于生产部门之外，采购工作的主要目的是获得合适的价格和付款方式。对于生产规模庞大，物料种类众多，价格经常波动的企业，比较适合采取这种组织结构。

（2）大型集团企业的采购组织。

大型集团企业往往有多个分公司或事业部，因此它们的采购组织更加复杂。随着跨国公司、联合企业、控股公司及其他大型集团企业数量的增长，其采购组织所采取的集中或分散组织方式近年来被广泛分析与研究。

大型集团企业在集中购买和本地化分散购买之间基本上有三种可供选择的方法：

①完全分散，由各业务单元自主执行采购任务。

②完全集中，除在当地购买低值物品外，所有物品由集团安排购买。

③分散和集中相结合。

分散模式的优点在于：

①本地采购人员更清楚本企业或业务单元的需求，更了解当地供应商、运输和储存设施等方面的情况。

②本地采购人员对需求反应更快，这在紧急需求情况下很重要。因为他和需求部门沟通方便，避免了层层上报的麻烦，同时他相比远在总部的人员对情况更熟悉。

③本地采购人员对管理人员直接负责，可以使本地的高层管理人员对采购工作进行更好的控制。由于材料在制造业的成本中占很大一部分，运行地方管理可以使权力和责任比较好地应对这一点。

集中模式也有其优点：

①集中集团各单元的类似需求可以在采购中获取规模经济，提高谈判中的购买实力并促进与供应商的关系。

②节省人员和工作量，统一手续、表格和规格，便于采购品管理和降低后续服务成本。

③避免集团业务单元间价格的不统一，避免业务单元之间的采购竞争。

④更好地管理库存和合理利用材料。

分散采购的适用条件：

①用于分散的采购主体。分散采购通常适用于规模较大、工厂分散于较广区域的企业。此类企业若采用集中采购，容易产生采购上的延迟，且不易应付紧急需要，而且与需求部门的联系相当困难，采购作业与单据流程漫长而复杂。

②用于零散低值的采购客体。所适用的采购客体主要是小批量、价值低、总支出较少的物品，各下属机构产品的开发研制、试验所需的物品以及其他分散采购优于集中采购的物品，包括在费用、时间、效率、质量等因素上均有利，而且不影响正常生产与经营的情况。

集中采购的适用条件：

①较高的企业管理水平。企业管理水平较高，协调能力强，可设置一个采购部门，以满足相关部门对物品和劳务的需求。一般而言，大型企业集团、连锁经营企业及特许经营企业比较适合于集中采购，尤其是连锁经营企业，集中统一的商品采购是他们实现规模化经营的前提和关键。

②适当的空间距离。企业各部门及分厂相对集中，采购工作没有因地制宜的必要；或部门与需要部门虽非同处一地，但因距离亦非遥远，通信工具相当便捷，采购工作集中办理尚不会影响需求时效。

③适当的采购对象。企业虽有多个生产机构，但是产品种类大同小异，如果是大宗或大批量的物品、关键零部件、容易出问题的物品、需要定期采购的物品、价值较高的设备等，可以考虑集中采购，以便获得良好的售后服务。

一般来说，一种方法的优点往往是另一种方法的缺点，因此常常采用两种方法的结合以便从两者较好的特性中获益，同时避免各自的弱点。大型集团企业比较常见的采购组织形式是集中分散结合型的采购组织结构。

在这种采购组织形式中，公司总部设立集团采购部，负责公众总体的采购战略和计划的制订，决定政策、标准和程序以及集团规格，协调各事业部或子公司的采购行动，集中采购公司共性化的产品和服务，处理相关法律事宜，进行集团库存的协调；在各事业部或子公司分设采购部，以满足个性化需求和联系供应商。

这种集中分散结合型的设置模式一般适用于规模大、产品种类多、具有需求差异、各子公司地理距离较远的企业。

（3）跨国公司的采购组织。

跨国公司往往同时设置多个与采购相关的部门，权力分立，如设立需求计划部门、采购管理部门、供应商管理部门（资源部）、供应物流部门等。这种采用跨部门采购职能小组结构是采购组织中比较新颖的一种组织形式，其做法是在公司总部设立采购总部，同时在各经营单位也分设采购部门，各经营单位的采购经理既负责本部门的采购，向本单位的主管汇报，同时也需要向 CPO（首席流程官）汇报以使本部门的采购与公司的政策相适宜。这种组织体现了采购的灵活性。

（4）采购外包和“虚拟组织”。

①采购外包。

本企业的采购并不足以提供组织所需要的竞争优势，将采购活动外包给一个更先进的、在战略上具有主动性的组织则可以获得这种竞争优势。原因主要是现有的采购组织结构不能应对迅速的变化；现有的组织和程序不能使采购战略高效。

②虚拟采购组织。

一个具有中心紧密、外围松散特征的结构，能够提高企业经营层面上的集中度和灵活性。中心为采购专家组成的紧密核心，外围是流动的企业经营方面的专家。核心层负责采购流程、采购战略、职业发展以及采购过程中的员工招聘、培训和发展。

总之，不同的企业要根据采购组织机构设计的原则，充分考虑企业内外部影响因素，建立适合本企业的采购组织机构。值得注意的是，采购组织机构建立后不是一成不变的，随着企业所面临的内外部环境的变化，要不断调整自身的采购组织机构，以便于更好地适应环境，完成采购任务，最终实现企业的目标，但就短期而言，采购机构是相对稳定的。

二、采购组织设计

1. 采购组织的功能

（1）凝聚功能。

明确采购目标和任务；建立良好的人际关系与群体意识；确定采购组织中领导的导向作用。

（2）协调功能。

一是组织内部关系的协调，使之密切协作，和谐一致；二是组织与环境关系的协调，采购组织能够依据采购环境的变化调整采购策略，以提高对市场环境变化的适应能力和应变能力。

（3）制约功能。

采购组织是由一定的采购人员构成的，每一个成员承担的职能都有对应的权利、义务，通过这种权利、义务组成的结构系统，对组织的每一个成员的行为都有制约作用。

（4）激励功能。

在一个有效的采购组织中，应该创造一种良好的环境，充分激励每一个采购人员的积极性、创造性和主动性。

2. 组织设计的影响因素

任何组织系统都应有对内外环境的适应性，不能适应环境的组织是没有生命力的，采购机构也是一样，必须适应外部环境与企业内部条件，并且随着外部环境的变化与企业内部条件的改变进行相应的调整，这样的机构才会充满活力。为此，我们须研究影响采购机构设计的各种因素。概括来讲，影响采购组织机构设计的因素有以下几个方面：

（1）企业规模。

一般来说，企业采购机构的大小与企业规模成正比。企业规模大、业务量大，对生产企业而言，所耗费的原材料数量多；就商业企业而言，商品的销售量大。无论是为了保证生产企业的生产需要，还是为满足商业企业的销售需要，都必须完成大批量的采购任务，从而也就需要较为庞大的采购队伍；反之，企业规模小、业务量小，采购人员数量也就少。

（2）采购供应状况。

采购供应工作是在一定的市场上进行的，因此，确定企业采购机构应思考市场供应的状况，一般应考虑两个方面的问题：

①市场供求态势。如果市场的商品供不应求，采购较为困难，要四处求购，采购队伍应庞大一些；反之，如果市场上的商品供过于求，货源充足，购买方便，采购队伍可小些。

②供应点的分布情况。有些产品产地分散、供应点多面广，这种采购带有一种“收集”的性质，采购队伍应庞大一些；反之，采购地点集中的产品，采购人员可少些。

（3）经营范围。

值得指出的是，不同类型的企业对采购机构的要求也有差异。经营品种繁多的综合性商场，由于货源来源广泛，采购业务量大，采购机构应该大些；相反，经营品种较为单一的企业，如专业商店由于进货地点较为集中，业务简单，采购机构可小些。

（4）采购人员素质。

企业采购人员素质的高低不仅决定了采购工作的质量，也影响着采购机构的大小。一般来说，采购人员素质高、业务熟练、工作能力强、效率高，采购队伍可小些，这也符合精简的原则；反之，如果采购人员素质差、业务生疏、工作责任心差、效率低下，这样要完成相应的采购工作，只能使用更多的采购人员，采购机构也就较为庞大。

（5）企业内部各部门的配合程度。

采购工作是由一系列相互配合的业务环节所组成的，包括选货—面谈—签订合同—运输—验收—入库—结算付款等。要使采购工作效率高，采购部门应与企业内的其他部门（如运输、仓库、财务部门等）加强配合，使采购员集中精力搞好采购工作。相反，如果一个企业采购员将大量精力放在发运验收、付款上，其工作效率就会非常低下，这样要完成相应的采购任务，需要的采购人员也会较多。

（6）信息传递形式与速度。

市场需求信息是企业采购的依据，这样，我们要求企业应有一整套灵敏的信息传输系统，及时把握市场行情的变化。信息传输速度越快，采购决策越及时，效率越高，采购工作的准确性越高，无效劳动越少，采购人员数量可少些；反之，如果企业没有灵敏的信息传输系统，企业采购人员满地跑，必然效率低，采购队伍就会庞大。

（7）其他因素。

其他影响采购机构设计的因素也很多，如国家相关政策、交通运输条件、通信现代化水平、自然条件等都从不同的方面影响着一个企业采购组织的设立。

3. 采购组织设计准备

采购组织设计主要可以从以下几个方面进行：

（1）确认企业的采购组织结构类型。

了解企业自身的性质、规模以及其相应的管理水平，然后结合各种采购组织的特点，明确采购组织的职能，选择适合企业自身的组织结构。

（2）进行采购组织中岗位的设置。

在选定采购组织类型后，根据该类型下的采购组织结构以及其相应的管理职能，设定各个岗位。依据职责清晰的原则，明确每一个岗位的职责和权利，做到权责分明、权责统一。

（3）进行岗位中人员的设置。

在确定了采购组织中的岗位后，需要按照管理幅度的原则以及相应的实际工作量来配备相应的人员数量。首先采购部门需要确定一个采购经理，其他岗位中人员设置要使人员数量以能满足工作的需要为标准，太多则容易增加成本，造成浪费；太少又易造成工作的延误，难以满足工作要求和完成工作任务。

4. 采购组织的构建形式

采购组织的构建形式主要有：

（1）按照产品类别建立，如图 1-2 所示。

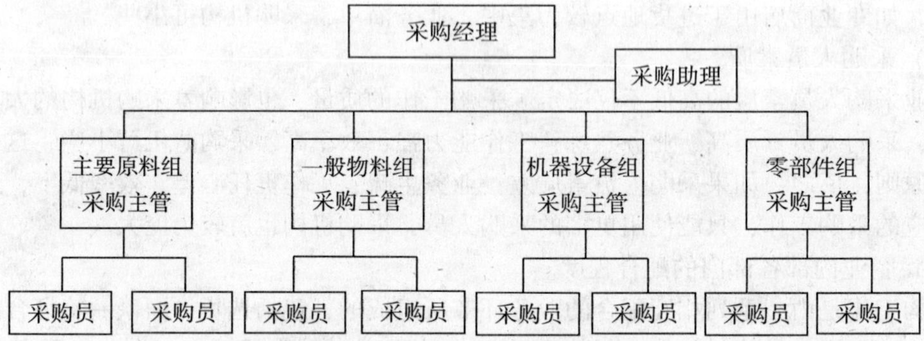

图 1-2　按照产品类别建立的采购组织形式

（2）按照采购区域建立，如图 1-3 所示。

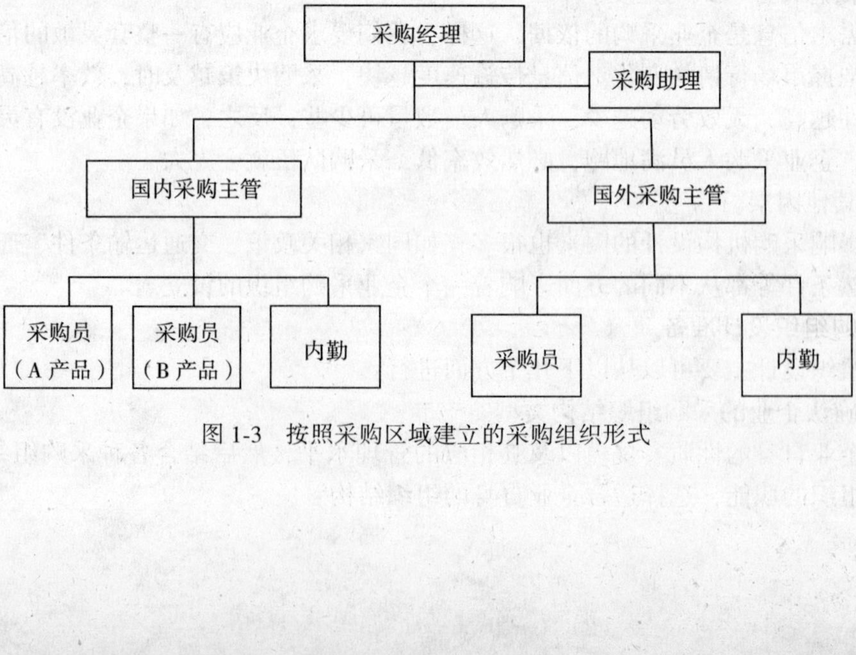

图 1-3　按照采购区域建立的采购组织形式

(3) 按照顾客属性建立，如图 1-4 所示。

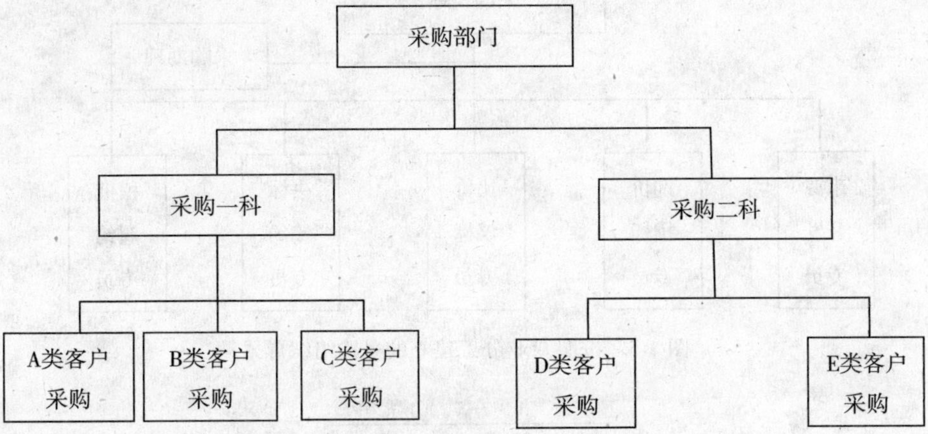

图 1-4　按照顾客属性建立的采购组织形式

(4) 按照采购物料价值建立，即 ABC 分类控制法，又称重点管理法或分析法，是要把品种繁多的库存物资，按其重要性、占用金额的大小等情况，进行分类排列，然后分别采用不同的采购方法，以做到库存控制的最有效性。80/20 法则简单地说就是 20%的因素带来 80%的结果，如表 1-1 所示。

表 1-1　按照采购物料价值建立的采购组织形式

ABC 分类管理法			
物品	价值	次数	承办人员
A	70%	10%	经理
B	20%	30%	主管
C	10%	60%	员工
供应定位管理			
项目类型	利润影响度	供应风险度	采购承办人
战略品类	高	高	采购总监
瓶颈品类	低	高	采购经理
杠杆品类	高	低	采购主管
日常用品	低	低	采购员

(5) 按照专业分工建立，如图 1-5 所示。

(6) 混合式的采购组织形式，如图 1-6 所示。

5. 采购组织的职责

采购组织的主要职责有：对供应商进行选择与评价；协调各分采购部门的采购工作；

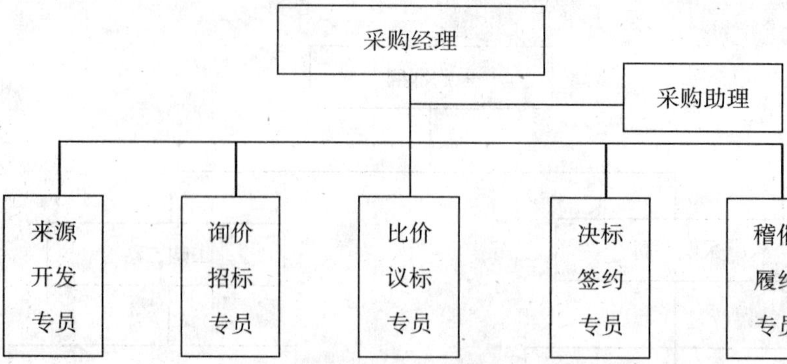

图 1-5 按照专业分工建立的采购组织形式

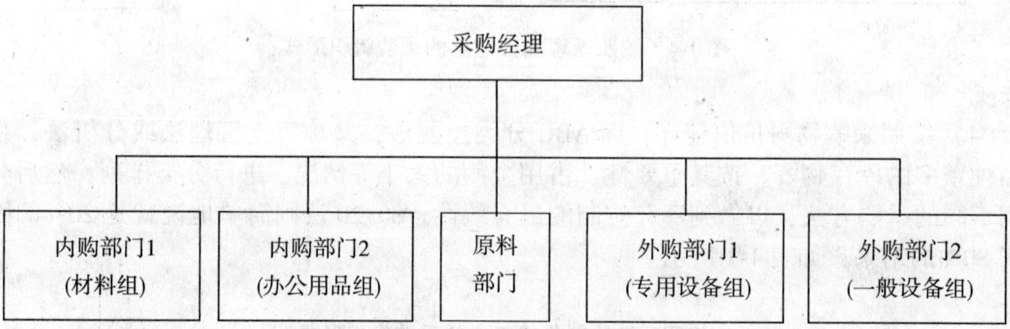

图 1-6 混合式的采购组织形式

与企业其他部门沟通，制订采购计划，且将重要的采购计划报上级批准；制定采购制度和设计合理的采购流程；控制采购风险；完成采购人员的培训和组织的调整；共同商品的订货和结算处理；执行采购总部制订的采购计划，组织具体的采购活动；对于特有物品的采购，寻找合适的供应商，并且和供应商进行谈判；核对采购单所购物料的技术规范和技术标准；市场信息的收集；价格变化的调查分析。

具体来看，采购部经理的岗位职责是做到遵纪守法、秉公办事、大公无私、廉洁自律。对采购员的工作进行监督和检查，确保采购工作顺利开展。选择、评审、管理供应商，建立供应商档案。审核单品进价，并进行确认；定期进行市场价格调查，保证采购成本。对各部门非常规物资申购单进行审核，有权拒绝未经董事长同意的采购订单。配合财务部、仓库确定合理的物资采购量，及时了解存货情况，进行合理采购。组织供货合同评审，签订供货合同，实施采购活动，并对合同执行情况进行监督。监督采购过程中的退、换货工作，补偿事宜，确保公司利益。发展新供货商，满足公司需求。加强与供应商的沟通，及时解决工作中存在的问题。加强与生产部门、营运部门的沟通，及时解决工作中存在的问题。每月组织采购员召开一次业务分析会，进行交流与培训。建立采购合同台账，做好保密工作等。

采购员的岗位职责是做到遵纪守法、秉公办事、大公无私、廉洁自律，做到诚实虚心、尽职尽责，不断学习业务知识，提高业务工作能力。服从分配，听从指挥，并严格遵守公司的各项规章制度和有关规定。负责公司物资的采购分单工作，对供应商进行询价、比价、议价，并上报相关信息；对所采购的物品全面负责。有权拒绝未经领导同意批准的采购订单。负责保存采购工作的必要原始记录，做好统计，定期上报。对所采购的物资要有申购单，采购非常规物资要上报采购经理。不断进行市场行情的调查，动态资讯收集、整理，并及时上报，以便及时调整采购策略。跟催采购进度，确保订购物料按时、按量、保质送达公司仓库。及时传递订单变更与撤销、品质要求变更与供方之间的信息，确保供方满足公司的需求。及时处理与供应商的采购异常、退、换货、补偿事宜，确保公司利益。加强与供应商的沟通与联络，确保货源充足，供货质量稳定，交货时间准确。

6. 采购人员的选拔

采购人员的选拔是企业一项重要的人力资源配置。选择标准的实质是对采购人员总体素质的基本要求。当然在企业内部，不同采购岗位的人员的素质要求不同，采购经理、采购主管对采购员的要求也是不同的。但作为一个采购人员，其选拔标准分为以下几个方面：

（1）良好的气质。

气质指影响人的心理活动和行为的个性特征，即人们通常所说的脾气、性情。人的气质分为：

①胆汁质者——对人直率、热情、活泼，但易激动、暴躁；

②多血质者——待人热情、稳重，容易理解别人，易成为具有显著效率的活动家；

③黏液质者——对人对事态度持重、和气，交际适度，适合于有条理和持久性的工作；

④抑郁质者——较孤僻、谨慎。

采购工作是一项与人打交道的工作，因此，采购人员应由多血质型气质的人员担任，对采购工作有热情，善交际，才能保证采购的成功。

（2）性格。

性格是人在对他人或外界事物的态度和行为方式上所表现出来的特征，是个人对外界态度的表现。通常将人的性格划分为外向型性格和内向型性格。从采购工作的要求来看，外向型性格比内向型性格更具优势。

（3）能力。

能力是指人完成某种活动所必备的个性心理特征。人的能力分为一般能力和特殊能力。一般能力是人的基本能力，如观察能力、记忆能力、思维能力、想象能力等；特殊能力指从事某种专业活动的能力，如艺术能力、运动能力等；采购人员除具备一般能力外，还应具备进行采购工作的特殊能力，如发现新客户的能力、交往洽谈的能力、协调关系的能力等。由于采购工作的特殊性、外部环境的复杂性，合格的采购人员需要具备良好的综合素质。

①智能：主要包括敏锐的观察能力、开发能力。

②良好的心理品质：主要包括强烈的事业心、广泛的兴趣、坚定的意志等。

③高尚的品德：主要包括为人正派、待人真诚、谦虚礼貌、宽容大度。

④丰富的知识：主要包括理论知识、企业知识、客户知识、市场知识、法律知识、采购实务等。

⑤良好的适应能力：能够快速适应不同的行为方式，快速与人形成融洽的沟通关系。

【案例分析】

胜利油田渐进式的采购改革

在采购体系改革方面，许多国有企业和胜利油田境遇相似。虽然集团购买、市场招标的意识慢慢培养起来，但企业内部的组织结构却给革新带来了极大的阻碍。

胜利油田每年的物资采购总量约为85亿元人民币，涉及钢材、木材、水泥、机电设备、仪器仪表等56个大类，12万项物资。行业特性的客观条件给企业采购的管理造成了一定的难度，然而曾最让中国石化胜利油田有限公司副总经理裘国泰头痛的却是其他问题。

胜利油田当时有9000多人在进行物资供应管理，庞大的体系给采购管理造成了许多困难。胜利油田每年采购资金的85亿元中，有45亿元的产品由与胜利油田有各种隶属和姻亲关系的工厂生产，很难将其产品的质量和市场同类产品比较，而且价格一般要比市场价高。例如，供电器这一产品，价格比市场价贵20%，但由于这是一家由胜利油田长期维持的残疾人福利工厂，只能是本着人道主义精神接受他们的供货，强烈的社会责任感让企业背上了沉重的包袱。同样，胜利油田使用的大多数涂料也是由下属工厂生产，一般只能使用3年左右，而市面上一般的同类型涂料可以用10年。还有上级单位指定的产品，只要符合油田使用标准、价格差不多，就必须购买。

在这样的压力下，胜利油田能做到的就是逐步过渡，拿出一部分采购商品来进行市场招标，想一步到位是不可能的。

胜利油田的现象说明，封闭的体制是中国国有企业更新采购理念的严重阻碍。中国的大多数企业，尤其是国有企业采购管理薄弱，计划经济、短缺经济下粗放的采购管理模式依然具有强大的惯性。采购环节的漏洞带来的阻力难以消除。

曾有统计数据显示，在中国工业企业的产品销售成本中，采购成本占到60%左右。可见，采购环节管理水平的高低对企业的成本和效益影响非常大。一些企业采购行为在表面上认可和接纳了物流的形式，但在封闭的市场竞争中，操作上没有质的改变。一些采购只是利用了物流的技术与形式，但经常是为库存而采购，而大量的库存实质上是企业或部门之间没有实现无缝对接的结果，库存积压占用的又是企业最宝贵的流动资金。这一系列的连锁反应正是造成许多企业资金紧张、效益低下的局面且一直没有本质改观的主要原因。

思考：

1. 对于胜利油田来说，如何在特定条件下选择恰当的采购组织结构来实现改革的目标？

2. 采购组织常见的类型有哪些？并分别说出它们的特点。

3. 假如让你设计一个企业的采购组织，你会从哪几个方面来考虑？

4. 企业的采购组织具有哪些职责？

5. 假如你是一个企业的采购人员，你觉得你应该具备哪些基本素质才能更好地适应你的工作？

（案例来源：http：//info. jetrans. com/xueyuan/czal/20129281545893. shtml. ）

项目二　采购的准备工作

任务一　编制采购计划和预算

☞知识目标

通过本任务的学习，了解采购市场调查的方法与技术；了解采购计划与预算的概念；熟悉影响采购计划和预算的主要因素；熟悉采购计划和预算编制的基本原则和主要环节；掌握采购计划和预算的编制方法和流程。

☞技能目标

能选用合适的预测方法完成采购需求的预测；能够制订采购认证计划和订单计划；能选用合适的预算方法完成采购预算的编制。

【导入案例】

卡斯制造公司的采购需求管理

卡斯制造公司5年前开始生产某型号的微型同步电动机，定价为每台2500元，主要材料为硅钢片、钢板和其他辅助零件，每台微型同步电动机成本大约1800元。虽然存在价差空间，但该企业利润很低，总是挣不了什么钱。企业管理层分析后发现，原因在于市场竞争激烈，企业的生产受原材料供应和销售市场波动影响很大，生产数量无法控制，生产中时有大量剩余原材料的现象，加上物流成本不断增加，所以企业经营越来越困难。

后来该企业决定调整微型同步电动机所需原材料的采购方式，对公司生产的几种型号的产品的原材料供货，根据需求统筹安排，并安排了市场人员跟踪销售信息并进行预测，然后根据原材料清单进行采购。采购上采取了多批次少批量的方法，企业的成本终于得到了有效的控制。

分析：卡斯制造公司是怎样走出低利润困境的？

一、采购需求预测

企业要想制订比较准确的采购计划，首先必须对企业的采购需求有较准确的预测。采购需求预测是指根据市场历史资料或者生产计划等找出需求规律，然后，根据需求规律预测未来一段时间内的需求品种和需求量，从根本上解决采购什么、采购多少、什么时候采购的问题。流通企业的采购需求预测可以直接根据市场历史数据进行，而对于生产企业的采购需求预测则应该由客户订单产生的相关需求和市场产生的独立需求两个部分所形成的生产计划进一步分解得来。

1. 预测过程

预测的全过程大致可以分为七个步骤，如图 2-1 所示。

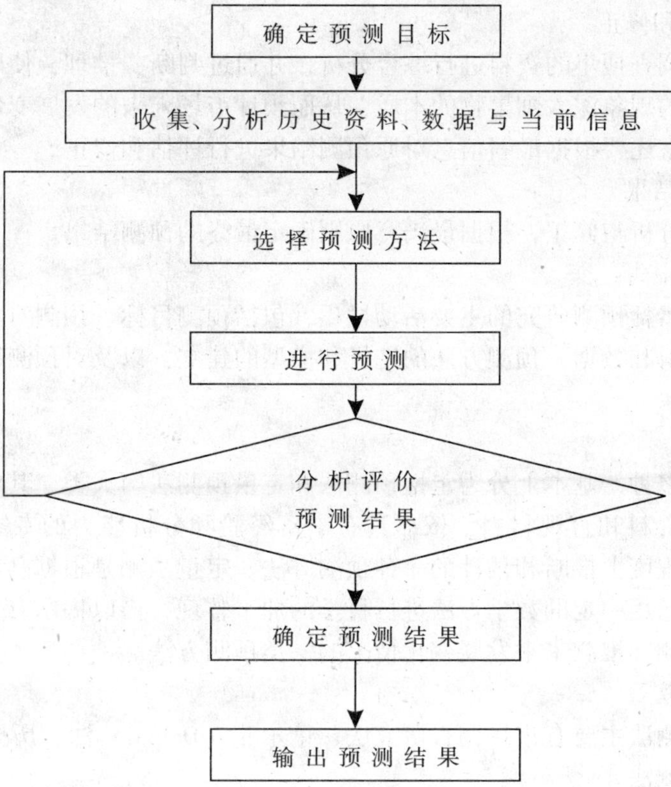

图 2-1　预测过程的主要步骤

（1）确定预测目标。

明确目的是开展市场预测工作的第一步，因为预测的目的不同，预测的内容和项目、所需要的资料和所运用的方法都会有所不同。明确预测目标，就是根据经营活动存在的问题，拟定预测的项目，制订预测工作计划，编制预算，调配力量，组织实施，以保证市场预测工作有计划、有节奏地进行。

（2）搜集资料。

进行市场预测必须占有充分的资料。有了充分的资料，才能为市场预测提供进行分析、判断的可靠依据。在市场预测计划的指导下，调查和搜集有关资料是进行市场预测的重要一环，也是预测的基础工作。

（3）选择预测方法。

根据预测的目标以及各种预测方法的适用条件和性能，选出合适的预测方法。有时可以运用多种预测方法来预测同一目标。预测方法的选用是否恰当，将直接影响预测的精确性和可靠性。运用预测方法的核心是建立描述、概括研究对象特征和变化规律的模型，根据模型进行计算或者处理，即可得到预测结果。

（4）进行预测。

根据搜集到的市场资料，在选定的预测方法下进行相应的预测。该步骤是决定整个预测成败的关键。

（5）预测分析和修正。

分析判断是对调查搜集的资料进行综合分析，并通过判断、推理，使感性认识上升为理性认识，从事物的现象深入到事物的本质，从而预计市场未来的发展变化趋势。在分析评判的基础上，通常还要根据最新信息对原预测结果进行评估和修正。

（6）确定预测结果。

通过对预测的分析与修正，根据最满意原则确定最终的预测结果。

（7）编写预测报告。

预测报告应该概括预测研究的主要活动过程，包括预测目标、预测对象及有关因素的分析结论、主要资料和数据，预测方法的选择和模型的建立，以及对预测结论的评估、分析和修正等。

2. 预测方法

预测的方法有多种，基本上分为定性预测法和定量预测法两大类。其中，定性预测是根据已掌握的信息资料和直观材料，依靠具有丰富经验和分析能力的专家，运用主观经验，作出性质上和程度上推断和估计的一种预测方法。定量预测是根据已掌握的比较完备的历史统计数据，运用一定的数学方法进行科学的加工整理，借以揭示有关变量之间的规律性联系，用于预测和推测未来发展变化情况的一类预测方法。

（1）定性预测法。

常用的定性预测法主要有市场调查研究法、德尔菲（Delphi）法、历史类比法等。

①市场调查预测法。

市场调查预测法是指预测者深入实际进行市场调研，取得必要的经济信息，根据自己的经验和专业水平，对市场发展前景进行分析和判断。

常用的市场调查预测法有以下几种：经营管理人员意见调查预测法，销售人员意见调查预测法，商品展销、订货会调查预测法，消费者购买意向调查预测法。

②德尔菲（Delphi）法。

德尔菲法又叫专家预测法，是由美国兰德公司发展的一种新型专家预测方法。这种方法是由主持预测的机构先选定与预测问题有关的领域，以及有关方面的专家10~20人，按照既定程序，以函件的方式分别向专家组成员进行征询；而专家组成员又以匿名的方式（函件）提交意见。将他们的意见经过综合、整理、归纳，并匿名反馈给各位专家，再次征求意见。经过多次的反复、循环，使专家们的意见逐渐趋于一致，从而作为预测的根据，再由主持单位进行统计分析，最后得出预测结果。

德尔菲法的预测步骤：

第一，拟定意见征询表。根据预测的目的要求，拟定需要调查了解的问题，列成预测意见征询表。

第二，选定征询对象。选择的专家是否适合，是德尔菲法成败的关键，一般以10~20人为宜。

第三，反复征询专家意见。预测主持者通过书信向各专家寄送意见征询表，请专家于限期内寄回结果。接到各专家的结果后，将各种不同意见进行综合整理，汇总成表，再反馈给各位专家，请他们对各种意见进行比较修改，修正或发表自己的意见。（征询专家意见的过程应严格保持专家之间的独立性。）

第二轮答案寄回后，再加以综合整理与反馈。经过这样几轮的反复征询，使各位专家的预测意见趋向一致，从而确定预测结果。

③历史类比预测法。

该方法是根据类似事物以往表现出来的某种属性、特征和发展规律，来预测与其相似事物相应的属性、特征和发展规律的一种预测方法。类比法的特点是"先比后推"。"比"是类比的基础，"比"既要"比"共同点也要"比"不同点。对象之间的共同点是类比法是否能够施行的前提条件，没有共同点的对象之间是无法进行类比推理的。

（2）定量预测法。

定量预测法是指依据历史和现实的数据资料，利用统计方法和数学模型近似地提出预测对象的数量变动关系，并据此对预测对象作出定量测算的预测方法。

定量预测法主要分为两大类：一是依据连续性原理，利用时间序列分析预测目标发展趋势的时间序列分析预测法；二是依据因果性原理，分析预测目标与其他相关现象之间因果联系的因果分析预测法。下面对常用的时间序列分析预测法进行相关介绍。

①移动平均法。

移动平均法分为简单移动平均和加权移动平均。移动平均法是预测近期经济发展趋势的一种简单而实用的方法，它是在算术平均数法的基础上发展起来的一种方法。移动平均法首先选定参考历史数据的期数，然后，在保证期数不变的情况下，进行边移动边平均。引入一期新数据，将去掉最早一期的老数据。这样依次计算，最后形成一个序列平均数的时间序列。其基本计算公式为：

$$\overline{Y_t}=\frac{Y_{t-k+1}+Y_{t-k+2}+\cdots+Y_{t-1}+Y_t}{k}$$

式中，$\overline{Y_t}$——t期的移动平均数，作为$t+1$期的趋势值；

K——每次移动平均包含的观察值个数。

如果对一次移动平均值再进行一次移动平均，则得到二次移动平均值。

使用移动平均法进行预测能平滑掉需求的突然波动对预测结果的影响，但移动平均法在运用时也存在如下问题：第一加大移动平均法的期数（即加大n值）会使平滑波动效果更好，但会使预测值对数据实际变动更不敏感。第二，移动平均值并不能总是很好地反映出趋势。由于是平均值，预测值总是停留在过去的水平上而无法预计会导致将来更高或更低的波动。第三，移动平均法要有大量的过去数据的记录。

②指数平滑法。

指数平滑法是布朗（Robert G. Brown）提出的。布朗认为，时间序列的态势具有稳定性或规则性，所以时间序列可被合理地顺势推延；他认为，最近的过去态势在某种程度上会持续到最近的未来，所以将较大的权数放在最近的资料上。指数平滑法的基本公式是：

$$S_t = aY_{t-1} + (1-a)\ S_{t-1}$$

式中，S_t——时间 t 的预测值；

Y_{t-1}——时间 t-1 时期的实际值；

S_{t-1}——时间 t-1 时期的预测值；

a——平滑指数，其取值范围为［0，1］；当时间序列变化较小时，a 宜取较小数值（0.1，0.3）；当时间序列变化有迅速而明显的趋势时，a 宜取较大数值（0.3，0.6）；当初始值有疑问时，a 也宜取较大数值（0.4，0.7）。

指数平滑法主要适用于下列情况的预测：第一，除了随机性的上升或下降外，数据的变化一般比较平稳。第二，数据变化没有明显的上升或下降的趋势。第三，没有受到明显的季节性变化的影响。

（3）季节指数预测法。

此方法是对随季节变化而有较大需求波动的产品，利用季节指数来预测其未来需求。所谓季节指数是由各个季度或月份需求实际值与由全部历史数据计算出来的季度或月份平均值的比值，即由于季节因素偏离预测值的程度。

这种预测方法的基本步骤：

第一步，用最小二乘法或其他方法求出历史数据趋势方程：$Y_t = a+bt$。

第二步，用求出的趋势方程预测各个季度的历史数据，将预测出来的历史数值与实际值的比值作为季节指数。

第三步，利用季节指数将趋势方程修正，将修正后的趋势方程作为预测未来需求量的预测模型。

3. 采购需求分析

针对生产企业的采购需求分析，是先根据客户订单和市场历史销售资料预测出生产计划，然后采用推导法进行采购需求的预测。目前，采用较多的推导法是物料需求计划法（Material Requirements Planning，MRP），其计算原理如图 2-2 所示，所依据的主要资料和步骤如下：

（1）制订主产品的生产计划。

①主产品的生产计划。

在订货制生产企业中，这个计划主要是根据社会对主产品的订货计划生成的；在库存制生产企业中，这个主生产计划靠预测和经营计划生成。

②零部件的生产计划。

在制造企业中，零部件的生产有两个用途：一是用于装配主产品；二是用于提供社会维修企业，对社会上处于使用状态的主产品进行维修保养。这里，零部件生产计划主要是社会维修企业所提出的零部件的订货计划。

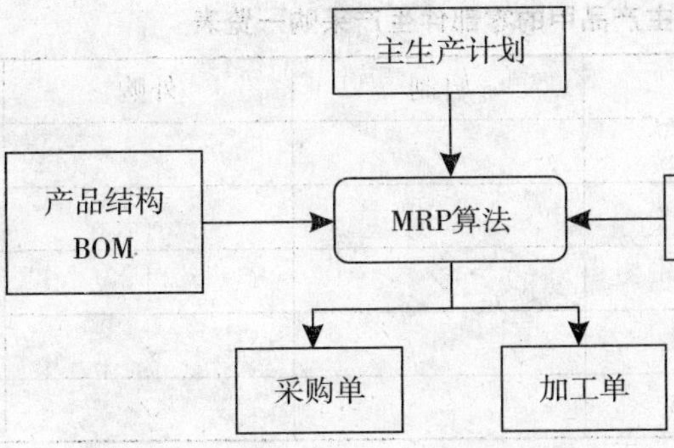

图 2-2　物料需求计划法推算原理

（2）制定主产品的结构文件（BOM）。

这个步骤根据装配主产品需要的零件、部件、原材料等，哪些要自制，哪些要外购，自制件再制造过程中又要采购什么零件、部件、原材料等，逐层求出主产品的结构层次。每一个层次的每一个零部件都要标出需求数量，是自制还是外购以及生产提前期或采购提前期。所有自制件都要分解到最后的原材料层次，这些原材料层一般是最底层，一般都是需要采购的。

（3）制定库存文件。

采购人员从库存保管员处了解主产品零部件生产采购一览表中所有的各个部件、零件、原材料的现有库存量以及消耗速率。经过整理得到一个主产品零部件库存一览表。例，某企业的主产品甲的结构文件，如图 2-3 所示。图中，甲，A，B，C，D，E 为产品名，括号里的数字表示一个直接上级产品中包含的本产品的件数，而 LT 表示生产或采购该产品的提前期，单位为天。由主产品结构文件可以得到主产品零部件生产采购一览表，如表 2-1 所示。

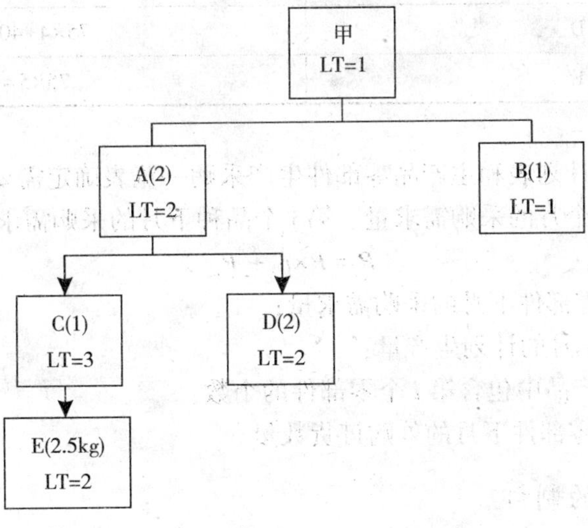

图 2-3　主产品甲的结构文件图

表 2-1　　主产品甲的零部件生产采购一览表

零部件名	数量	自制	外购	提前期
A	2	✓		2
B	1		✓	1
C	2	✓		1
D	4		✓	2
E	2. 5×2=5		✓	2

主产品生产计划表，如表 2-2 所示。

表 2-2　　主产品生产计划表

时期/周	第 1 周	第 2 周	第 3 周	第 4 周	月合计
外购甲/（件/周）	25	15	20	15	75
外购 B/（件/周）	15		15		30
外购 D/（件/周）		20		20	40

表中包括主产品的生产计划，也包括社会对零部件 B，D 的订货计划。月采购需求分析结果表，如表 2-3 所示。

表 2-3　　月采购需求分析结果一览表

零件名	月采购需求数量
B	75×1+30=105
D	75×4+40=340
E	75×5=375

根据主产品生产计划表和主产品零部件生产采购一览表确定需要采购的零部件和原材料，然后确定未来一个月的采购需求量。第 i 个品种下月的采购需求量计算如下：

$$P_i = P \times n_i + P_{oi}$$

式中，P_i——第 i 个零部件下月的采购需求量；

P——主产品下月的计划生产量；

n_i——一个主产品中包含第 i 个零部件的个数；

P_{oi}——第 i 个零部件下月的外购订货数量。

二、采购计划的制订

计划，是指管理人员对未来应采取的行动所作的谋划和安排。

采购计划是指采购部门为配合企业的销售和生产，对所需的原材料、零部件等数量、时间、成本作出的翔实的计划。在生产企业中，采购计划是根据生产计划进行编制的。在流通企业中，采购计划可根据销售计划进行编制。

1. 采购计划的作用

采购计划是企业为最好地满足生产需要，对是否采购、采购什么、采购多少、怎样采购及何时采购等问题的统一部署和安排。在企业的生产经营中，制订采购计划是采购部门的重要职责。采购计划对企业的生产经营活动具有重要作用，具体体现在以下几点：

（1）预计采购物料所需的时间和数量，防止供应中断，影响产销活动。

（2）避免库存过多，积压资金，浪费空间。

（3）配合企业生产计划与销售计划的实现。

（4）让采购部门事先准备，选择有利时机购入物料。

（5）依据采购计划，确定物料耗用标准，管制物料采购数量与成本。

2. 影响采购计划的因素

影响采购计划准确性的因素主要有下列几项：

（1）年度营销计划。

除非市场出现供不应求的状况，否则企业年度的经营计划多以营销计划为起点，而营销计划的拟订又受到销售预测的影响。销售预测的决定因素包括：外界的不可控制因素，如国内外经济发展情况、技术发展、竞争者状况等；内部可控制因素，如财务状况、技术水准、厂房设备、原料零件供应情况、人力资源及公司声誉等。

（2）年度生产计划。

一般而言，生产计划源于营销计划，若营销计划过于乐观，将使产量变成存货，造成企业的财务负担；反之，过度保守的营销计划，将使产量不足以供应顾客所需，丧失了创造利润的机会。因此，生产计划常常因为销售计划人员对市场需求量估算失当，造成生产计划朝令夕改，也常常使得采购计划与预算不得不调整修正，物料供需长期处于失衡状态。

（3）用料清单。

当产品工程变更很大时，如果用料清单难以作及时的反应与修订，会导致根据用料清单计算出来的物料需求数量与实际的使用量或规格不相符，也就造成了采购数量过多或不足，物料规格过时或不易购得。因而，采购计划的准确性依靠维持最新、最正确的用料清单。

（4）存量管制卡。

由于应购数量必须扣除库存数量，因而，存量管制卡记载是否正确也会影响采购计划的准确性。这包括用料与账单是否一致，以及物料存量是否全为良品。若账上数量与仓库架台上的数量不符，或存量中并非全数皆为规格正确的物料时，这将使仓储的数量低于实际的可取用数量，故采购计划中的应购数量也会偏低。

（5）物料标准成本的设定。

在编订采购预算时，对将来拟购物料的价格预测较为不易，故多以标准成本替代。如果该标准成本的设定缺乏以过去的采购资料为依据，也无工程人员严密精确地计算其原料、人工及制造费用等组合或生产的总成本，则其正确性会降低。因而，标准成本与实际购入价格的差额，即是采购预算准确性的评估指标。

（6）劳动生产率。

生产效率的高低使预计的物料需求量与实际的耗用量产生误差。产品的生产效率降低，会导致原物料的单位耗用量提高，而使采购计划中的数量不能满足生产所需。当生产效率有降低趋势时，采购计划必须将此额外的耗用率计算进去，才不会发生原物料短缺的现象。

（7）价格预期。

在编订采购金额预算时，常对物料价格涨跌幅度、市场景气与否等多加预测，甚至列为调整预算的因素。但是由于个人主观的判定与事实的演变常有差距，所以也可能造成采购预算的偏差。

由于影响采购计划的因素有很多，故采购计划拟定之后，必须与产销部门经常保持联系，并针对现实情况作出必要的调整与修订，才能实现维持正常产销活动的目标，并协助财务部门妥善规划资金来源。

3. 采购计划编制环节

采购计划的编制包括两个部分：采购认证计划的编制和采购订单计划的制订。

（1）采购认证计划的编制。

采购认证计划管理工作主要包括四个环节：准备认证计划、评估认证需求、计算认证容量、制订认证计划，其工作流程如图 2-4 所示。

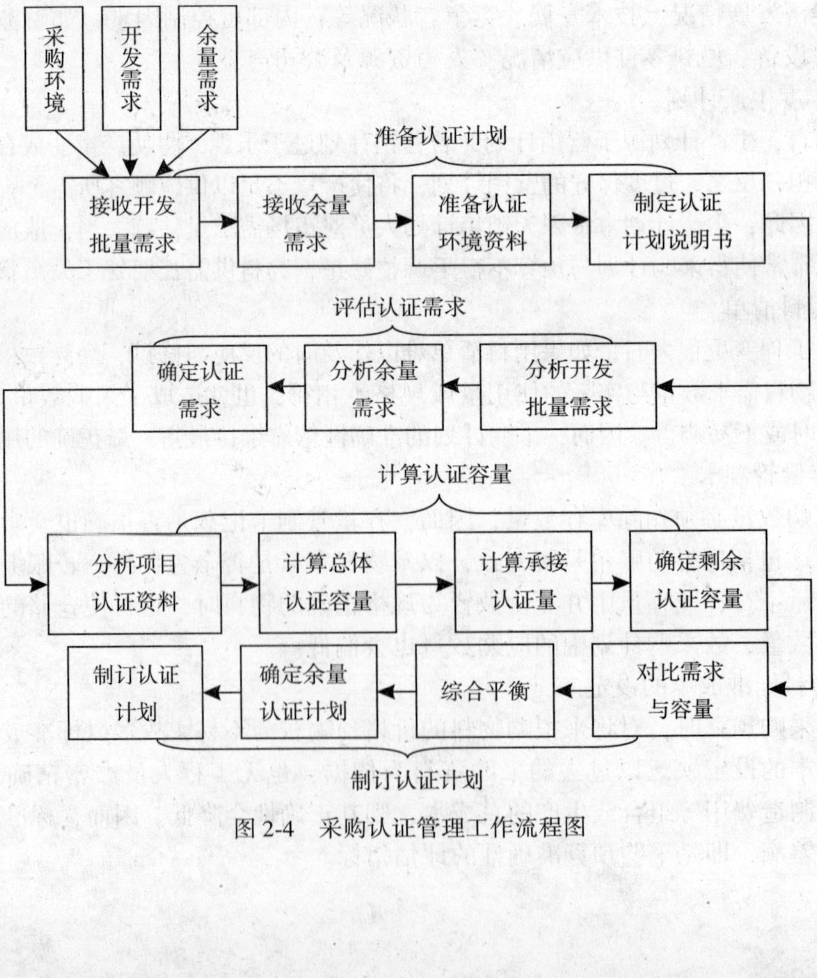

图 2-4 采购认证管理工作流程图

①准备认证计划。

准备认证计划是采购计划的第一步，也是非常重要的一步，包括四个方面，如表2-4所示。

表2-4　**准备认证计划的编制内容**

阶段	环节	编制要点
准备认证计划	接收开发批量需求	目前，开发批量物料需求通常有两种情形：一种是在以前或者目前的采购环境中就能够发掘到的物料供应；另外一种情形是企业需要采购的是新物料，这在原来形成的采购环境中不能提供，需要企业的采购部门寻找新物料的供应商
	接收余量需求	随着企业规模的扩大，市场需求也会变得越来越大，旧的采购环境容量不足以支持企业的物料需求；或者是因为采购环境有了下降趋势，从而导致物料的采购环境容量逐渐缩小，这样就无法满足采购的需求。以上这两种情况都会产生余量需求，这就产生了对采购环境进行扩容的要求
	准备认证环境资料	采购环境的内容包括认证环境和订单环境两个部分。有些供应商的认证容量比较大，但是其订单容量比较小；有些供应商的情况恰恰相反，其认证容量比较小，但是订单容量比较大
	制定认证计划说明书	把认证计划所需要的材料准备好，主要内容包括认证计划说明书（物料项目名称、需求数量、认证周期等），同时附上开发需求计划、余量需求计划、认证环境资料等

②评估认证需求。

评估认证需求是采购计划的第二个步骤，其主要内容包括以下三个方面：分析开发批量需求，分析余量需求，确定认证需求。各环节具体编制要点如表2-5所示。

表2-5　**评估认证需求的编制内容**

阶段	环节	编制要点
评估认证需求	分析开发批量需求	开发批量需求的样式是各种各样的，按照需求的环节可以分为研发物料开发认证需求和生产批量物料认证需求；按照采购环境可以分为环境内物料需求和环境外物料需求；按照供应情况可以分为可直接供应物料和需要定做物料；按照国别可分为国内供应物料和国外供应物料等。对于如此复杂的情况，计划人员应该对开放物料需求作详细的分析，必要时还应该与开发人员、认证人员一起研究开发物料的技术特征，按照已有的采购环境及认证计划经验对其进行分类
	分析余量需求	分析余量需求首先要对余量需求进行分类，对于因市场需求原因造成的，可以通过市场及生产需求计划得到各种物料的需求量及时间；对于因供应商萎缩造成的，可以通过分析现实采购环境的总体订单容量与原订单容量之间的差别，这两种情况的余量相加可得到总的需求容量
	确定认证需求	根据开发批量需求及余量需求的分析结果确定认证需求。认证需求是指通过认证手段，获得具有一定订单容量的采购环境

③计算认证容量。

计算认证容量是采购计划的第三个步骤，它主要包括以下四个方面的内容：分析项目认证资料、计算总体认证容量、计算承接认证容量、确定剩余认证容量。具体的编制内容如表 2-6 所示。

表 2-6　　**计算认证容量的编制内容**

阶段	环节	编制要点
计算认证容量	分析项目认证资料	计划人员除了应具有较好的财务与市场分析能力外，同时还应具备对采购物品的技术分析能力，特别是物品的技术适应性和物品的规模生产能力
	计算总体认证容量	供应商订单容量与认证容量是两个不同的概念。一般来说，供应商不愿做样品认证，而只希望做批量订单。因此，在供应商认证合同中，应说明认证容量与订单容量的比例，要求供应商提供一定的资源用于支持认证操作
	计算承接认证量	供应商的承接认证量等于当前供应商正在履行认证的合同量。由于各种采购物品认证周期不同，一般是要求计算某一时间段的承接认证量
	确定剩余认证容量	某一物料所有供应商群体的剩余认证容量的总和，称为该物料的“认证容量”，可以用下面的公式简单地进行说明： 物料认证容量=物料供应商群体总体认证容量-承接认证量

④制订认证计划。

制订认证计划是采购计划的第四个步骤，它的主要内容包括：对比需求与容量、综合平衡、确定余量认证计划、制订认证计划四个方面的内容。具体编制细节如表 2-7 所示。

表 2-7　　**制订认证计划的编制内容**

阶段	环节	编制要点
制订认证计划	对比需求与容量	认证需求与供应商对应的认证容量之间一般都会存在差异，如果认证需求小于认证容量，可以直接按照认证需求制订认证计划；如果认证需求量大大超过供应商容量，出现这种情况就要进行认证综合平衡，对于剩余认证需求需要制订采购环境之外的认证计划
	综合平衡	从全局出发，综合考虑生产、认证容量、物料生命周期等要素，判断认证需求的可行性，通过调节认证计划来尽可能地满足认证需求，并计算认证容量不能满足的剩余认证需求，这部分剩余认证需求需要到企业采购环境之外的社会群体之中寻找容量
	确定余量认证计划	对于采购环境不能满足的剩余认证需求，应与采购环境之外的供应商制订认证计划。采购环境之外的社会群体如果没有与企业签订合同，那么制订认证计划时要特别小心，并由具有丰富经验的认证人员或者和认证人员联合操作
	制订认证计划	制订认证计划需要确定认证物品的数量和开始认证的时间。其中，认证商品数量=开发样品需求量+检验测试要求数量+样品数量+机动数量；开始认证时间=要求认证结束时间-认证周期-缓冲时间

（2）采购订单计划的制订。

采购订单计划制订工作主要包括四个环节：准备订单计划、评估订单需求、计算订单容量、制订订单计划，其工作流程如图 2-5 所示。

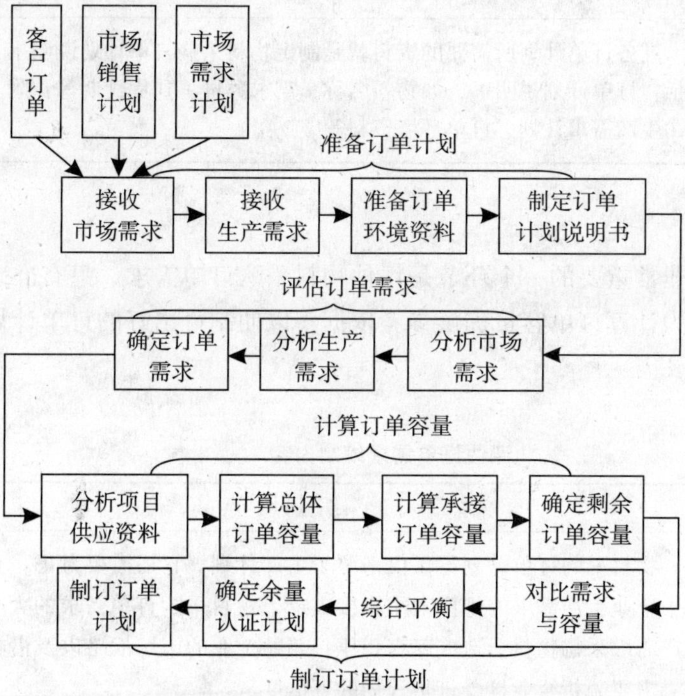

图 2-5　采购订单计划工作流程图

①准备订单计划。

准备订单计划主要分为四个方面的内容：接收市场需求、接收生产需求、准备订单环境资料、制定订单计划说明书，具体编制要点如表 2-8 所示。

表 2-8　**准备订单计划编制内容**

阶段	环节	编制要点
准备订单计划	接收市场需求	要弄明白什么是市场需求，市场需求是启动生产供应程序流动的牵引项，要想制订比较准确的订单计划，必须熟知市场需求计划，或者市场销售计划
	接收生产需求	生产需求对采购来说可以称之为生产物料需求。生产物料需求的时间是根据生产计划产生的，通常生产物料需求计划是订单计划的主要来源。在 MRP 系统中，物料需求计划是主生产计划的细化，它主要来源于主生产计划、独立需求的预测、物资清单文件、库存文件。编制物料需求计划的主要步骤包括：决定毛需求；决定净需求；对订单下达日期及订单数量进行计划

续表

阶段	环节	编制要点
准备订单计划	准备订单环境资料	订单环境的资料主要包括：订单物料的供应商信息、订单比例信息、最小包装信息、订单周期
	制定订单计划说明书	准备订单计划所需要的资料就是制定物料采购订单计划说明书，其主要内容包括：订单计划说明书，如物料名称、需求数量、到货日期等；附上市场需求计划、生产需求计划、订单环境资料等

②评估认证需求。

物料采购计划中非常重要的一个环节是评估物料采购订单需求。只有准确地评估物资采购订单需求，才能为计算订单容量提供参考依据，以便制订出好的订单计划。它包括的主要内容如表 2-9 所示。

表 2-9 **评估订单需求编制内容**

阶段	环节	编制要点
评估订单需求	分析市场需求	物料采购订单计划不仅仅来源于生产计划，它还需要考虑：企业的生产需求，企业生产需求的规模大小直接决定了物料采购订单需求的大小，超出企业生产需求采购物料会造成库存积压；兼顾企业的市场战略以及潜在的市场需求等；需要分析企业接受订货计划的可信度
	分析生产需求	分析生产需求，首先需要研究生产需求的产生过程；其次再分析生产需求量和要货时间
	确定订单需求	根据对市场需求、客户订单和对生产需求的分析结果，可以确定订单需求。通常来讲，订单需求的内容是指通过订单操作手段，在未来指定的时间内，将指定数量的合格物料采购入库

③计算订单容量。

计算物料采购订单容量是采购计划中的重要组成部分。只有准确地计算订单容量，才能对比需求和容量，经过综合平衡，最后制订出正确的订单计划。具体的制订内容如表 2-10 所示。

④制订订单计划。

制订订单计划是采购计划的最后一个环节，也是最重要的环节。它主要包括四个方面：对比采购需求与供应容量、综合平衡、确定余量认证计划、制订订单计划。具体制订细节如表 2-11 所示。

表 2-10　　计算订单容量编制内容

阶段	环节	编制要点
计算订单容量	分析项目供应资料	对采购环境中的供应商及所能供应物品资料的分析
	计算总体订单容量	总体订单容量一般包括两个方面内容：一是可供给的物料数量；二是可供给物料的交货时间
	计算承接订单容量	承接订单量是指某供应商在指定的时间内已经签下的订单量
	确定剩余订单容量	剩余订单容量是指某物料所有供应商群体的剩余订单容量的总和。用下面公式计算： 物料剩余订单容量=物料供应商群体总体订单容量-已承接订单量

表 2-11　　制订订单计划编制内容

阶段	环节	编制要点
制订订单计划	对比需求与容量	如果经过对比发现物料需求小于供应容量，则企业要根据物料需求来制订订单计划；如果供应商的容量小于企业的物料需求，则要求企业根据容量制订合适的物料需求计划，这样就产生了剩余物料需求，需要对剩余物料需求重新制订认证计划
	综合平衡	综合考虑市场、生产、订单容量等要素，分析物料订单需求的可能性，必要时调整订单计划，计算容量不能满足的剩余订单需求
	确定余量认证计划	在对比物料需求与供应容量的时候，如果供应容量小于物料需求就会产生剩余需求。对应剩余需求，要提交认证计划制订者处理，并确定能否按照物料需求规定的时间及数量交货
	制订订单计划	一份订单包含的内容有下单数量和下单时间两个方面。各自计算公式如下： 下单数量=生产需求量-计划入库量-现有库存量+安全库存量 下单时间=要求到货时间-认证周期-订单周期-缓冲时间

三、采购预算编制

1. 采购预算的作用

采购预算是指采购部门在一定计划期间（年度、季度或月度）编制的材料采购的用款计划。一般来讲，采购预算具有以下几个作用。

（1）保障企业战略计划和作业计划的执行，确保企业组织目标一致。通过编制采购业务预算，企业采购部门和其他职能部门对计划期间的工作分别制定了目标，也明确了部门、个人的责权利，使个人的利益与企业的经济效益挂钩，促使企业采购部门的员工努力去完成采购目标，从而保障企业战略计划的作业计划的实现。

（2）协调企业各部门之间的合作经营。业务预算使企业各职能部门工作有机地结合成一个整体，各职能部门通过执行预算，明确各自所处的地位与作用，协调各自的工作步伐，从全局出发，统筹兼顾，全面安排，争取全局计划的最优。

（3）在企业各部门之间合理安排有限资源，保障资源分配的效率性。企业所拥有的资源是有限的，通过编制采购预算和其他业务预算，能够充分考虑各部门的资源需求，合理安排，保障资源得到充分的利用，实现以最少的投入取得尽可能多的经济效益。

（4）对企业物流成本进行控制、监督。业务预算是分析、控制各项经济活动的尺度，企业各个部门认真地编制切实可行的预算，并用其控制各项经济活动，就可以避免不必要的支出，降低物流成本，保证预定目标的顺利完成。

2. 采购预算编制要求

（1）采取合理的预算形式。

如果问一位企业的总经理，利润和现金流哪个更重要，你认为他会怎么回答？每一位明智的决策者都知道，现金流对于企业来说是最重要的，它是企业脉管中流淌的鲜血，时时都有新鲜血液的流动才能使组织充满活力。因此，企业内部各部门所采用的预算形式应该把重点放在现金流而不是利润上。

（2）建立趋势模型。

预算向我们讲述的是未来，所有代表期望行为的数字都是估计值，我们所提供的应是代表收入和支出的最有可能的数字预报。为了确保这些数字的最大价值，我们应当建立一个趋势模型，模型的建立可以使我们对组织期望的产出有完善的规划。模型以直接的数据资料为基础，具有时间敏感性，能够反映服务和产品需求的变化。

（3）用滚动预算的方法。

企业经营是一个连续不断的过程，只是为了使用方便才在时间上对它们进行了硬性分割。为了能够使预算与实际过程更紧密地联合在一起，可采用滚动预算的办法。在制订本期预算的时候根据实际情况同时对下期的业务进行预算，以保证企业活动在预算上的连续性。预算活动的滚动性和对细节的强调，要求各个部门的管理人员投入大量精力，紧密高效地开展工作。

3. 采购预算编制步骤

预算过程应从采购目标的审查开始，接下来是预测满足这些目标所需的行动或资料，然后制订计划或预算。采购预算编制一般包括以下几个步骤，具体如图 2-6 所示。

4. 采购预算编制方法

编制预算的方法有很多，主要有概论预算、弹性预算、零基预算和滚动预算等，下面分别对这四种方法进行介绍。

（1）概率预算。

企业如果在编制预算的过程中遇到变量较多的情况，如业务量变动、价格变动、成本变动等，则管理者就不可能在编制预算时十分精确地预见这些因素在将来会发生何种变化，以及变化的程度，而只能大体估计出它们发生变化的可能性，从而近似地判断出各种

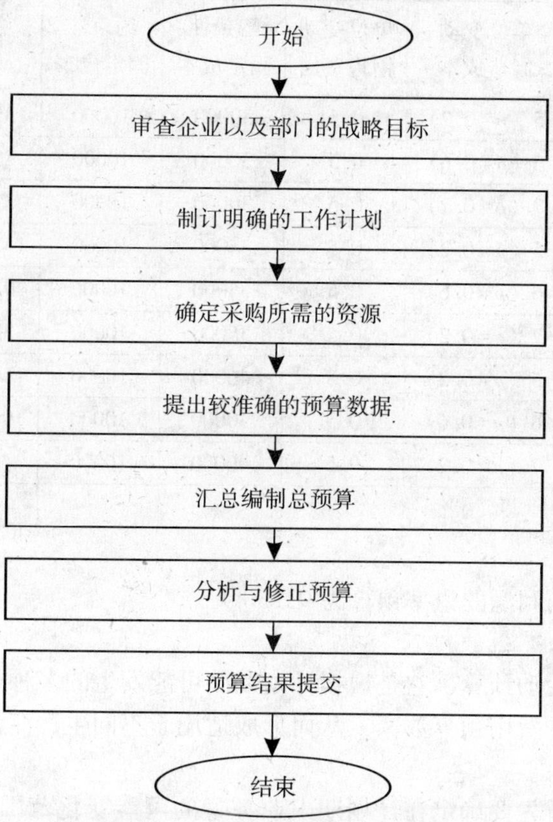

图 2-6　采购预算编制流程图

因素的变化趋势、范围和结果。然后，对各种变量进行调整，计算其可能值的大小。这种利用概率来编制的预算，我们就称之为概率预算。

概率预算必须根据不同的情况来编制，大体上可以分为以下两种情况：

①销售量的变动与成本的变动没有直接联系。这时，只要利用各自的概率分别计算销售收入、变动成本、固定成本的期望值，即可直接计算出利润的期望值。

②销售量的变动与成本的变动有直接联系。这时，需要用计算联合概率的方法来计算利润的期望值。例如：某公司计划明年投产一种新产品，单位售价为 9 元。经市场调研，预计该产品在明年的销售量有三种，可能分别是 50000 件、55000 件和 60000 件，概率分别为 0. 2、0. 5、0. 3。单位产品变动性制造成本可能是 5 元、6 元和 7 元，各成本水平出现的概率分别为 0. 2、0. 6、0. 2。单位变动性销售费用为 0. 5 元，约束性固定成本为10000元。当销售量分别为50000件、55000件和60000件时，酌量性固定成本在不同产量水平下分别为30000元、35000元和40000元。

这个案例是典型的销售变化与成本的变动有直接联系的预算案例，它的概率预算编制过程如表 2-12 所示。

表 2-12　　**概率预算编制情况表**

组合	销售量	销售量概率	单位变动制造成本	单位变动销售费用	酌量性固定成本	约束性固定成本	利润	联合概率	利润期望值
1	50000	0.2	5（p=0.2）	0.5	30000	10000	135000	0.04	5400
2	50000	0.2	6（p=0.6）	0.5	30000	10000	85000	0.12	10200
3	50000	0.2	7（p=0.2）	0.5	30000	10000	35000	0.04	1400
4	55000	0.5	5（p=0.2）	0.5	35000	10000	147500	0.1	14750
5	55000	0.5	6（p=0.6）	0.5	35000	10000	92500	0.3	27750
6	55000	0.5	7（p=0.2）	0.5	35000	10000	37500	0.1	3750
7	60000	0.3	5（p=0.2）	0.5	40000	10000	160000	0.06	9600
8	60000	0.3	6（p=0.6）	0.5	40000	10000	100000	0.18	18000
9	60000	0.3	7（p=0.2）	0.5	40000	10000	40000	0.06	2400
Σ								1.00	93250

所以，该公司税前利润的概率预算为 93250 元。

（2）弹性预算。

弹性预算亦称为变动预算，它是根据计划期间可能发生的多种业务量，分别确定与各种业务量水平相适应的费用预算数额，从而形成适用于不同生产经营活动水平的一种费用预算。

编制弹性预算，首先要确定在计划期内业务量的可能变化范围。在具体编制工作中，对一般企业，其变化范围可以确定为企业正常生产能力的 70%~110%，其间隔取为 5%或 10%，也可以取计划期内的最高业务量和最低业务量为其上限和下限。

其次，要根据成本性态，将计划期内的费用划分为变动费用和固定费用。在编制弹性预算时，固定费用在相关范围内不随业务量的变动而变动，因而不需要按业务量的变动来进行调整。而对变动费用，则要按不同的业务量水平分别进行计算。

弹性预算一般用于编制弹性成本预算和弹性利润预算。弹性利润预算是对计划期内各种可能的销售收入所能实现的利润所做的预算，它以弹性成本预算为基础。

（3）零基预算。

零基预算是指不考虑过去的预算项目和收支水平，以零为基点编制的预算。零基预算的基本特征是不受以往预算安排和预算执行情况的影响，一切预算收支都建立在成本效益分析的基础上，根据需要和可能来编制预算。

传统的调整预算是在上期预算执行结果的基础上，根据预算与实际的差异，分析产生差异的各种原因和考虑计划期的实际情况，加以适当调整，确定出计划期内有关项目的预算数。这种预算方法简单，但往往使原来不合理的费用继续存在下去，造成预算的浪费或预算的不足。零基预算则与传统预算的编制截然不同。它在确定任何一项预算时，完全不考虑前期的实际水平，只考虑该项目本身在计划期内的轻重缓急。

零基预算编制方法，大致上可以分为五个步骤：

①划分和确定基层预算单位。

企业里各基层业务单位通常被视为能独立编制预算的基层单位。

②编制本单位的费用预算方案。

由企业提出总体目标，然后各基层预算单位从企业的总目标和自身的责任目标出发，编制本单位为实现上述目标而产生的费用的预算方案，在方案中必须详细说明提出项目的目的、性质、作用，以及需要开支的费用数额。

③开展成本—收益分析。

基层预算单位按下达的“预算年度业务活动计划”，确认预算期内需要进行的业务项目及其费用开支后，管理层对每一个项目的所需费用和所得收益进行比较分析，权衡轻重，区分层次，划出等级，挑出先后。基层预算单位的业务项目一般分为三个层次：第一层次是必要项目，即非进行不可的项目；第二层次是需要项目，即有助于提高质量、效益的项目；第三层次是改善工作条件的项目。进行成本—效益分析的目的在于判断基层预算单位各个项目费用开支的合理程度、先后顺序以及对本单位业务活动的影响。

④审核与分配资金。

根据预算项目的层次、等级和次序，按照预算期可动用的资金及其来源，依据项目的轻重缓急，分配资金。

⑤编制落实预算。

资金分配方案确定后，制定零基预算正式稿，经批准后下达执行。执行中遇有偏离预算的地方要及时纠正，遇到特殊情况要及时修正，遇到预算本身问题要找出原因，总结经验加以完善。

（4）滚动预算。

滚动预算又称连续预算，其主要特征是预算期随时间的推移而自行延伸，始终保持一定的期限（通常一年）。当年度预算中某一季度（或月份）预算执行完毕后，就根据新的情况进行调整和修改后几个季度（或月份）的预算，如此往复，不断滚动，使年度预算一直含有四个季度（或12个月份）的预算，其基本特征如图2-7所示。

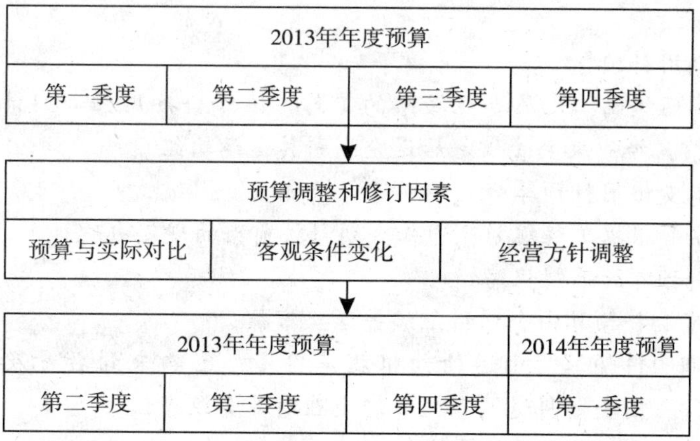

图2-7　滚动预算的基本特征

滚动预算的提出依据：企业的生产经营活动是连续不断的，因此，预算也应该全面反映这一连续不断的过程。另外，人们对未来客观事物的认识也是由表及里，由粗到细的过程，预算要符合人们对客观事物的认识。

【案例分析】

某编织企业采购预算编制规则

一、材料的预算编制

除遵照本企业预算制度之外，均依照本规则的规定办理。

二、材料的预算

1. 用料预算

(1) 营业支出用料预算。

(2) 资本支出用料预算。

2. 购料预算

三、材料预算按编制的期间分类

1. 年度预算

2. 分期预算

四、年度用料预算的编制程序

(1) 由用料部门依据营业预算及生产计划编制《年度用料预算表》(特殊用料应预估材料价格)，经主管科长核定后送企划科，材料管理汇编《年度用料总预算》转工厂会计部。

(2) 凡属于委托维修修缮的工作，一概由维修科按用料部门计划代为编列预算，并通知用料部门。

(3) 材料预算经最后审定后，由总务科运输组严格执行。

(4) 用料部门用料超出核定预算时，由企划科通知总务科运输组。

(5) 用料总预算超出10%时，由企划科通知运输组说明超出原因，呈请核实，并办理追加手续。

五、分期用料预算

由用料部门编制，凡属委托修缮的工作，维修科按用料部门计划分别代为编列《用料预算表》，经一级主管核定后送企划科传送运输组。

六、资本支出用料预算

由一级主管根据工程规划，通知企划科按前条的规定办理。

七、购料预算的编制程序

(1) 年度购料预算由企划科汇编并送呈审核。

(2) 分期购料预算，由运输组根据库存量、已购未到数量及财务状况，编制《购料预算表》，由企划科送呈审核并转企业财务会议审议。

八、经核定的分期购料预算

在当期未动者，不得保留；确有需要者，下期补列。

九、资本支出预算

年度有一部分未动用或全部未动用者，其未动用部分不能保留，根据情况在次年补列。

十、未列预算的紧急用料

由用料部门领取用料后，补办追加预算。

十一、用料预算

用料预算除由用料部门严格执行外，并由运输及企划科加以配合控制。

分析：从案例企业采购预算编制规则中可以得出企业采购预算编制有哪些程序？

任务二　供应商的选择

☞知识目标

通过本任务的学习，掌握供应商调查与开发的程序；理解供应商开发的渠道；掌握供应商评估的流程。

☞技能目标

熟悉供应商选择的方法；掌握供应商选择的标准；能运用供应商的考核指标。

一、供应商调查与开发

商品的售价是决定商品是否畅销的主要因素之一。原材料的质量直接影响产成品的质量，而原材料和产成品因质量问题所导致的退货又会促使物流成本提高。现代的供应链理念，如JIT生产、VMI方式等要求企业根据自己的期望寻找合适的合作伙伴并与其有着更紧密的合作，新产品、新材料、新技术的不断出现，也迫使企业必须不断寻找新的合作伙伴。价格、质量、现代供应链理念、新技术等原因导致企业不再是被动地接受供应商的产品，而是作为采购方主动出击，提出采购要求，在更大的范围内寻找供应商，开启供应商的调查与开发。

供应商调查，在不同的阶段有不同的要求：第一阶段是初步供应商调查；第二阶段是资源市场调查；第三阶段是深入供应商调查。

1. 初步供应商调查

初步供应商调查的目的是为了了解供应商的一般情况，包括供应商的名称、地址、生产能力，产品的品种、数量、价格、质量、市场占有率及运输进货条件等。了解供应商一般情况的目的：一是为选择最佳供应商作准备；二是为了掌握整个资源市场的情况。

初步供应商调查的特点：调查内容基础，只要了解一些简单的基本的情况；调查面广，最好能够对资源市场中所有供应商都有所调查，有所了解，从而掌握资源市场的基本状况。

初步供应商调查的方法，一般可以采用访问调查法。通过访问有关人员获得信息，如访问供应商市场部的有关人员，访问供应商的有关客户或者商务往来上的知情人士、供应商的有关主管单位人员等。通过访问建立供应商卡片，如表 2-13 所示。供应商卡片的建立是供应商管理的基础工作，要根据情况的变化经常进行维护、修改和更新，也可以通过计算机进行信息化的处理，便于供应商信息的管理。

表 2-13 **供应商卡片**

<table>
<tr><td rowspan="6">企业基本情况</td><td>名 称</td><td colspan="5"></td></tr>
<tr><td>地 址</td><td colspan="5"></td></tr>
<tr><td>营业执照号</td><td colspan="2"></td><td>注册资本</td><td colspan="2"></td></tr>
<tr><td>联系人</td><td colspan="2"></td><td>部门、职务</td><td colspan="2"></td></tr>
<tr><td>电 话</td><td colspan="2"></td><td>传 真</td><td colspan="2"></td></tr>
<tr><td>E-mail</td><td colspan="2"></td><td>信用度</td><td colspan="2"></td></tr>
<tr><td rowspan="2">产品情况</td><td>产品名</td><td>规 格</td><td>价 格</td><td>质 量</td><td>可供应量</td><td>市场份额</td></tr>
<tr><td></td><td></td><td></td><td></td><td></td><td></td></tr>
<tr><td colspan="2">运输方式</td><td></td><td>运输时间</td><td></td><td>运输费用</td><td></td></tr>
<tr><td>备注</td><td colspan="6"></td></tr>
</table>

2. 资源市场调查

资源市场调查的内容除包括初步供应商调查外，还包括一些基本内容：

（1）了解资源市场的规模、容量、性质。例如，对于买方市场，在选择供应商时，将质量、价格、服务的权重适当放大；对于卖方市场，在选择供应商时，将质量的权重适当放小。另外，还要考虑资源市场究竟有多大范围？有多少资源？多少需求量？是一个新兴的成长市场，还是一个陈旧的没落市场等问题。

（2）资源市场的环境。如市场的管理制度、法治建设、市场的规范化程度、市场的经济环境、政治环境等外部条件如何，市场的发展前景如何。

（3）资源市场的总水平。即资源市场的各个供应商的情况如何，对初步供应商调查中所得到的众多供应商的调查资料进行分析，就得到资源市场自身的基本情况。例如，资源市场的生产能力、技术水平、管理水平、可供资源量、质量水平、价格水平、需求状态以及竞争性质等。

对资源市场调查后，我们还需要对调查所搜集到的资料进行分析，分析后得到的结果可以帮助企业识别和评价潜在供应市场，以及存在的风险和机会。通过对供应市场进行细分以确定最适合企业需要的细分市场，如国家、技术专利或供应渠道等方面，进而更容易地找到最适合的供应商，使企业节省大量的时间和精力。

3. 深入供应商调查

对供应商的深入调查，是指经过初步调查后，对准备发展为自己的供应商的企业进行更加深入仔细的考察活动。这种考察需要深入供应商企业的生产线、生产工艺、质量检验环节甚至管理部门，对其现有的工艺设备、生产技术、管理技术等进行考察，看供应商所提供的产品能否满足企业的要求。有的甚至要根据所采购的产品的生产要求，进行资源重组并进行样品试制，试制成功后，才算考察合格。

只有通过深入的供应商调查，才能发现可靠的供应商，建立起比较稳定的采购物资供需关系。进行深入的供应商调查需要花费较多的时间和精力，调查的成本也高，并不是所有的供应商都需要进行这样的调查，一般只有准备发展为紧密的伙伴关系的供应商以及关键零部件的供应商才需要进行这项工作。

深入供应商调查的工作一般在初步调查分析的基础上，选定1~3家供应商进行。深入调查分为三个阶段：

（1）送样检查。通知供应商生产一批样品，随机抽样检查。检查合格进入第二阶段；检查不合格，允许再改进生产一批送检，抽检合格也可以进入第二阶段。抽检不合格，供应商落选，考察到此结束。

（2）考察生产工艺、质量保障体系和管理体系等生产条件是否合格。合格者中选供应商，考察到此结束。不合格者进入第三阶段。

（3）生产条件改进考察。愿意改进并限期达到了改进效果者中选；不愿意改进或愿意改进但在限期内没有达到改进效果者落选。深入调查阶段结束。

4. 供应商开发

供应商开发的过程包括从无到有地寻找新的供应商，初步供应商调查，深入供应商调查，然后进行价格谈判，逐步建立起适合于企业需要的供应商队伍，并保持良好的伙伴关系。

供应商开发的渠道主要有以下几个方面：

（1）一般来源。如国内外采购指南、产品展销会和发布会、新闻传媒、企业协会、各类商品订货会、行业协会、各种厂商联谊会或同业工会。

（2）政府相关统计调查报告或刊物。如工厂统计资料、产业或相关研究报告。

（3）同行市场调查。采购人员可到竞争对手店内进行市场调查，发现优秀商品供应商的信息来源。

（4）厂商介绍。向已建立起合作关系的供应商询问其他关联商品的供应商信息。

（5）供应商自行上门。供应商的业务人员主动推介本企业产品。

（6）招商活动。举办“大型采购（招商）说明会”，主动向供应商介绍企业自身的情况，通过显示企业自身的实力来吸引合适的供应商。

需要注意的是，在供应商开发进行中，务必与供应商一直保持良好的关系。建立起良好的供应商关系，通常供应商可在降低购买成本，提高顾客满意度，降低运输成本，提高产品质量，减少存货成本，改进产品设计，引进新产品或工序及减少产品抵达市场所花的时间等方面，给企业提出宝贵的建议。因此，尊重供应商，本着“双赢”的原则，才能谋求共同的发展，才会有共同的长远合作和长远利益。

二、供应商的选择

供应商的选择是企业的一个重要抉择。一个好的供应商是指拥有制造高质量产品的加工技术，拥有足够的生产能力以及能够在获得利润的同时提供有竞争力的产品的企业。同一产品在市场上的供应商数目越多，供应商的选择越复杂，就越需要按照一个规范的程序来操作。

企业在选择供应商时有许多因素需要考虑，如产品质量、充足的数量、准时交货、合理的价格及完善的服务等。各因素的重要程度因企业而异，甚至因同一企业里的不同产品或服务而异，因此，管理者必须根据不同产品或服务为各因素分配权数，然后根据这些权数选择合适的供应商。

1. 供应商选择的方法

选择供应商的方法有很多，这里主要介绍四种常用的方法，即直观判断、考核选择、招标选择和协商选择。不同的方法适合的环境和条件有所不同，企业可以根据自己的实际情况，运用恰当的方法选择符合自己要求的供应商。

(1) 直观判断。直观判断是通过调查、征询意见、综合分析和判断来选择供应商的一种方法，是一种主观性较强的判断方法，主要是倾听和采纳有经验的采购人员的意见，或者直接由采购人员凭经验判断。这种方法取决于供应商资料是否正确、齐全和决策者的分析判断经验是否正确。直观判断运作方式的优点是简单、快速、方便，缺点是缺乏科学性，主观色彩较浓，要求有丰富的采购经验。适合用于选择企业非主要原材料的供应商。

(2) 考核选择。考核选择的方法包括以下内容：

①调查了解供应商。供应商调查可以分为初步调查和深入调查。每个阶段的调查对象都有一个供应商选择的问题，而且选择的目的和依据是不同的。

初步供应商调查对象的选择非常简单，选择的基本依据就是其产品的品种规格、质量、价格水平、生产能力、地理位置和运输条件等。在这些条件合适的供应商中选择几个(一般5~10个)，就是我们初步调查的对象。

深入调查对象的选择标准主要是企业的实力、生产能力、技术水平、质量保障体系和管理水平等。调查方法如前所述。

②考察供应商。初步确定的供应商还要进入试运行阶段进行考察。试运行阶段的考察更实际、更全面、更严格，因为这是直接面对实际的生产运作。在运作过程中，要进行各个评价指标的考核评估，包括产品质量合格率、准时交货率、交货差错率、交货破损率、价格水平、进货费用水平、信用度、配合度等。在单项考核评估的基础上，还要进行综合评估。综合就是把以上各个指标进行加权平均计算而得到一个综合成绩，可用以下公式计算：

$$S = \sum W_i P_i \sum W_i \times 100\%$$

式中，S——综合指标值；

P_i——第 i 个指标值；

W_i——第 i 个指标的权数。

③考核选择供应商。通过试运行阶段，得出各个供应商的综合评估成绩，基本上就可

以最后确定哪些供应商可以入选，哪些供应商被淘汰，哪些应列入候补名单。现在一些企业为了制造供应商之间的竞争机制，创造了一些做法，就是故意选两个或三个供应商，称作 AB 角。A 角作为主供应商，分配较大的供应量；B 角作为副供应商，分配较小的供应量。在运行一段时间后，可以适当调整，促使供应商之间的竞争，使得采购企业获得更大的利益。总之，考核选择供应商是一个需要时间较长且深入细致的工作。这个工作需要采购管理部门牵头负责，全厂各个部门共同协调才能完成。当供应商选定之后，应当终止试运行期，签订正式的供应关系合同。进入正式运行期后，就开始了比较稳定正常的供需关系运作。

（3）招标选择。选择供应商也可以通过招标的方式。招标选择是采购企业采用招标的方式，即吸引多个有实力的供应商来投标竞争，然后经过评标小组分析评比选择最优供应商的方法。招标方法可以是公开招标，也可以是选择性招标。公开招标对投资者的资格不予限制，选择性招标则由采购单位预先选择若干个供应商，再进行竞标和决标。招标方法的优点是竞争性强，采购单位能在更广泛的范围内选择供应商，以获得供应条件有利的、便宜而实用的物资。缺点是招标方法手续繁杂，时间长，不能适应紧急订购的需要，订购机动性差；有时订购者了解不够，双方未能充分协商，造成货不对路或不能按时到货。

（4）协商选择。在可供选择的供应商多、采购单位难以抉择时，也可以采用协商选择的方法，即由采购单位选出供应条件较为有利的几个供应商，同他们分别进行协商，再确定合适的供应商。和招标方法相比，协商方法因双方能充分协商，在商品质量、交货日期和售后服务等方面较有保证；但由于选择范围有限，不一定能得到最便宜、供应条件最有利的供应商。当采购时间紧迫、投标单位少、供应商竞争不激烈、订购物资规格和技术条件比较复杂时，协商选择方法比招标方法更为合适。

2. 供应商选择的标准

选择供应商的标准主要通过以下五个方面来设定：

（1）技术水平。对技术水平的评价主要是看所提供的产品能否在质量上达到采购方的要求。采购物料的质量合乎采购单位的要求是企业生产经营活动正常进行的必要条件，是采购单位进行商品采购时首要考虑的因素，采购方需充分调查供货厂商的技术能力，确保采购商品的质量。采购方可以组建由采购、设计、生产制造、财务等部门人员组成的专家小组，对供应商进行调研或实地考察，其中收集供应商的技术资料可利用《供应商调查表》来进行。供应商调查表见表 2-14。

另外，也可以考虑以下几个方面的内容：考察供应商的硬件（设备的先进性、环境配置是否完善等）和软件（人员技术水平、工艺流程、管理制度、合作意识等）；考察供应商是否通过 ISO9000 系列的质量认证或是其他一些企业要求的质量认证，质量控制措施如何；考察供应商为哪些企业供货，这些企业采购的物料是否与本企业相同等。

（2）采购成本。对供应商的报价单进行成本分析是有效选择供应商的方式之一。采购成本不仅包括采购价格，而且包括获得物料过程中所发生的一切费用。降低采购成本有利于企业提高竞争力和增加利润，是选择供应商的一个主要因素，但不是最重要的因素。采购成本包括物料成本、采购管理成本和存储成本，其中物料成本包括货款、运费、通关费用等。采购管理成本包括人工成本、办公费用、差旅费用、信息费用等。

表 2-14　　　　　　　　　　　**供应商调查表**

供应商企业名称：
总部地址：
工厂地址：

联系人姓名：	职务：	电话：
成立时间：	所在国：	
企业主要负责人：	职务：	电话：

1.
2.
3.

工厂负责人：（请列出设计部、生产制造部、质量管理部主要经理）

1.
2.
3.

主要产品	年份	近 3 年生产能力	近 3 年产量
1.	1. 2. 3.		
2.	1. 2. 3.		
3.	1. 2. 3.		

主要客户	采购商品	上一次采购日期
1. 2. 3.		

请列明资信查询机构名称及地址

（3）管理水平。管理水平的高低是判断一个企业经营成功与否的重要标准之一，特别是在采购商品的金额巨大、性能复杂时，对供应商管理能力的评价就更为重要了。采购方可通过分析他们的长期营业额和利润记录，分析潜在供应商的管理系统和管理方式，或通过企业现有人员水平来判断供货企业的管理能力。

供应商内部组织与管理水平高低关系到日后供应商的供货效率和服务质量水平的高低。如果供应商组织机构设置混乱，采购的效率与质量就会因此下降，甚至会由于供应商部门之间的互相推诿而导致供应活动不能及时、高质量地完成。另外，供应商的高层主管是否将采购单位视为主要客户也是影响供应质量的一个因素。如果供应商的高层没有将买主视为主要客户，在面临一些突发状况时，便无法取得优先处理的机会。

除此之外，还可以从供应商机器设备的新旧程度及保养状况看出管理者对生产工具、产品质量的重视程度以及内部管理的好坏。另外，还可以参考供应商同业之间的评价及在所属产业的地位。对客户满意程度的认知、对工厂的管理、对原材料来源地的掌握、对生产流程的控制，也是评估供应商内部管理的重要指标。

（4）整体服务水平。整体服务水平是指供应商内部各作业环节配合购买者的能力与态度。评价供应整体服务水平的主要指标有以下几个方面：

①安装服务。如空调的免费安装、电脑的装机调试等都属于供应商提供的安装服务。对于采购者来说，安装服务是一大便利。通过安装服务，采购商可以缩短设备的投产时间或投入运行所需要的时间。

②培训服务。对于采购方来说，会不会使用所采购的物品决定着该采购过程是否结束。如果采购方对如何使用所采购的物品不甚了解，供应商就有责任向采购方传授所卖产品的使用知识。每一种新产品的问世都应该有相应的辅助活动推出。供应商对产品售前和售后的培训工作情况也会影响采购方对供应商的选择。

③维修服务。供应商对所售产品一般都会作出免费维修一段时间的保证。免费维修是对买方利益的保护，同时也对供应商提供的产品提出了更高的质量要求，这样供应商就会想方设法提高产品质量，避免或减少免费维修情况的出现。

④升级服务。这也是一种非常常见的售后服务形式，现代信息时代的产品更需要升级服务的支持。信息时代的产品更新换代非常快，各种新产品层出不穷，功能越来越强大，价格越来越低廉。供应商提供免费或者有偿的升级服务对采购者有很大的吸引力，也是供应商竞争力的体现。

⑤技术支持服务。这是供应商寻求广泛合作的一种手段。采购者有时非常想了解在其产品系统中究竟什么样参数的器件最合适，有时浪费大量的时间和费用也不一定能够找到合适的解决办法，这时，如果供应商向采购者提供相应的技术支持，就可以在为采购者解决难题的同时销售自己的产品。这种双赢的合作方式是现代采购工作中经常采用的。

（5）快速响应能力。在市场经济条件下，市场竞争越来越激烈，客户对企业的要求越来越高，交货期越来越短，企业要求供应商能有较好的响应能力，能及时满足企业的需要。同时，许多企业为了适应消费者多种多样的需求，实行个性化的定制和生产。企业只有提高柔性生产能力，生产多样化的产品，才能适应消费者需求的个性化，提高企业产品的市场竞争力，而这些都是以供应商的柔性生产能力以及快速响应为基础的。

除了以上的选择标准外，有些企业也把企业信誉、财务状况、生产能力、配合度等作为选择的标准。供应商评分标准以及供应商评估结果执行标准可参见表 2-15 和表 2-16。

表 2-15 **新供应商评价标准**

项 目	内 容	评分标准（分）					
		5	4	3	2	1	0
公司知名度	同类商品/同类供应商	最高	较高	一般	较低	很低	无名
公司证件	营业执照/税务登记证/卫生许可证/产品检验报告/其他相关证件	所有证件齐全	所有证件齐全	缺营业执照外任何一证	缺营业执照外任何一证，生产厂商不含其他相关证件	缺营业执照外所有证件	无营业执照
商品知名度		市场第一品牌	市场第二品牌或发展潜力较大	市场第二品牌，但发展空间较小	市场二流品牌，发展空间较小	市场三流品牌	杂牌
产品质量合格		所有产品合格证齐全（省级以上检验单位颁发）	合格证齐全（省或县级以上检验单位颁发）	合格证齐全（县级检验单位颁发）	合格证齐全（省或县级以下检验单位颁发）	合格证不齐全	无合格证
公司经营状况	销售额	≥5000 万元	≥1000 万元 <5000 万元	≥500 万元 <1000 万元	≥100 万元 <500 万元	<100 万元	<10 万元
送货方式		符合公司要求	符合公司要求	符合公司要求	符合公司要求	符合公司要求	不符合公司要求
售后服务		由专职部门负责，能及时、第一时间处理突发事件	由专职部门负责，处理态度良好，能及时处理	无专职部门，但能及时处理	无专职部门，有能力处理	售后服务较差	无法提供售后服务
退换货		无条件接受退换货	接受合理的退换货	只退不换或只换不退	不退换，但能协助处理	不退换，但能协助处理残次品、滞销品	不退不换
产品质量价格比		同类产品中属最高	同类产品中属较高	同类产品中属中等	同类产品中属较低	同类产品中属很低	同类产品中属最低
结算方式		高于标准的50%	高于标准的20%	符合标准	低于标准的80%	低于标准的50%	即结

表 2-16　**新供应商的评估结果执行标准**

得　分	级　别	处 理 方 式
85~100 分	A 级	可作为重点推荐供应商，提交评审小组评审
70~84 分	B 级	可提交评审小组评审
60~69 分	C 级	暂不提交评审，如无更优条件，供应商再提交评审
59 分以下	D 级	暂不考虑

3. 供应商的评估

对供应商进行选择的同时也是对供应商进行评估的过程。选择供应商是要求供应商能在持续满足预先设定的质量标准的前提下保证按时供货。而评估供应商是根据精心制定的质量和交货标准，对供应商进行有规律的科学评价。

（1）供应商评估的流程。如图 2-8 所示，在实施供应商评估的主要步骤之前，企业需要进行各种准备工作。每个阶段的准备工作都将对供应商评估的成功与否产生重要影响。

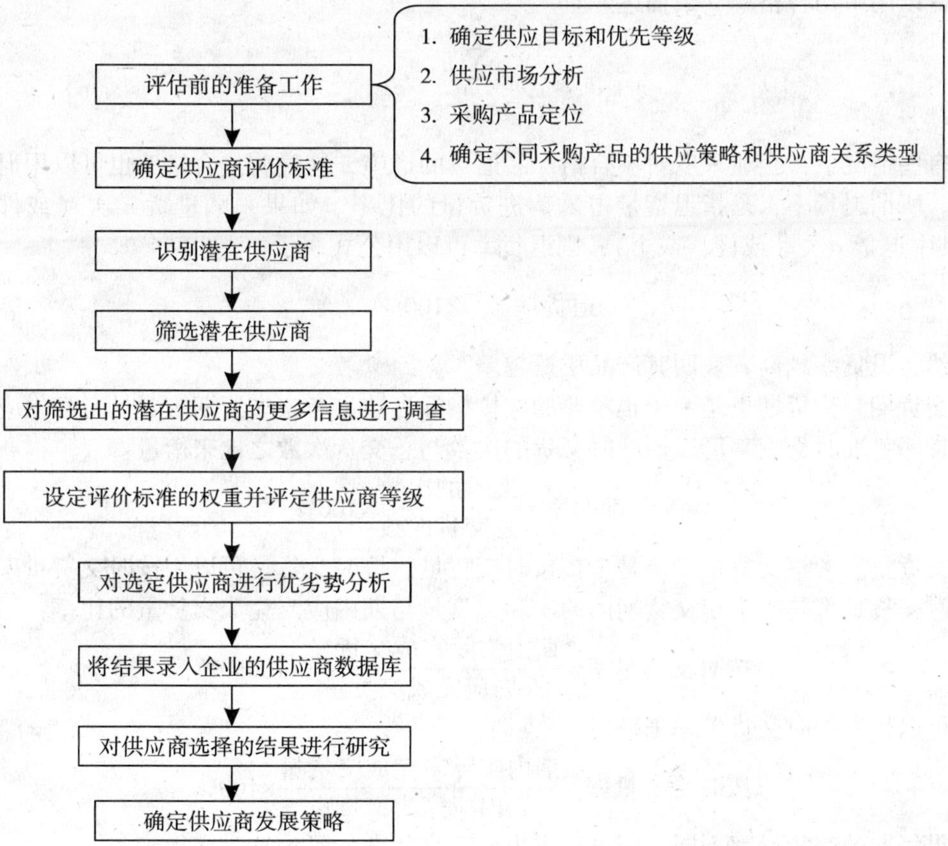

图 2-8　供应商评估流程图

供应商评估过程主要包括：从确定评估潜在供应商所使用的标准开始，随后以这些标准为基础识别和筛选企业想要评估的供应商，并为实现评估目标收集相关信息。企业应该为不同采购需求评价标准设定不同的权重，并根据这些标准给不同的潜在供应商评定等级，从而得到最终的潜在供应商候选名单。评定等级工作完成后，企业还要对所选定的供应商的优势和劣势进行分析，以预测可以从这些供应商中得到哪些服务。企业必须将评估结果记录在其供应商数据库内。企业应该与供应商分享已评定的结果，以便必要时可以采取一些措施帮助供应商发挥潜力，提高供应水平。

（2）供应商的考核指标。

①产品质量。产品质量是最重要的因素，在开始运作的一段时间内，主要加强对产品质量的检查。检查可分为两种，一种是全检，另一种是抽检。全检工作量太大，一般采用抽检的方法。质量的好坏可以用质量合格率来描述。如果在一次交货中一共抽检了 n 件，其中有 m 件是合格的，则质量合格率为 p，其公式为：

$$p=\frac{m}{n}\times100\%$$

显然，质量合格率 p 越高越好。如果在 N 次的交货中，每次的产品合格率 p 都不一样，则可以用平均合格率 p 来描述。

$$\bar{p}=\frac{\sum_{i=1}^{N}p^{i}}{N}$$

在有些情况下，企业采取对不合格产品退货的措施，这时质量合格率也可以用退货率来描述。所谓退货率，是指退货量占采购进货量的比率。如果采购进货 n 次（或件，或个），其中退货 r 次（或件，或个），则退货率可以用公式表示：

$$退货率=\frac{r}{n}\times100\%$$

显然，退货率越高，表明其产品质量越差。

②交货期。交货期也是一个很重要的考核指标参数。考察交货期主要是考察供应商的准时交货率。准时交货率可以用准时交货的次数与总交货次数之比来衡量：

$$交货准时率=\frac{准时的次数}{总交货次数}\times100\%$$

③交货量。考察交货量主要是考核按时交货量，按时交货量可以用按时交货量率来评价。按时交货量率是指给定交货期内的实际交货量与期内应当完成交货量的比率：

$$按时交货量率=\frac{期内实际完成交货量}{期内应完成交货量}\times100\%$$

也可以用未按时交货量率来描述：

$$未按时交货量率=\frac{期内实际未完成交货量}{期内应完成交货量}\times100\%$$

如果每期的交货量率不同，则可以求出各个交货期的平均按时交货量率：

$$平均按时交货量率=\frac{\sum 按时交货量率}{N}$$

考核总的供货满足率可以用总供货满足率或总缺货率来描述：

$$总供货满足率=\frac{期内实际完成供货量}{期内应完成供货量}\times100\%$$

$$总缺货率=\frac{期内实际未完成供货量}{期内应完成供货量}\times100\%$$

$$=1-总供货满足率$$

④工作质量。考核工作质量，可以用交货差错率和交货破损率来描述：

$$交货差错率=\frac{期内交货差错量}{期内交货总量}\times100\%$$

$$交货破损率=\frac{期内交货破损量}{期内交货总量}\times100\%$$

⑤价格。考核供应商的价格水平，可以和市场同档次产品的平均价和最低价进行比较，分别用市场平均价格比率和市场最低价格比率来表示：

$$平均价格比率=\frac{供应商的供货价格-市场平均价}{市场平均价}\times100\%$$

$$最低价格比率=\frac{供应商的供货价格-市场最低价}{市场最低价}\times100\%$$

⑥进货费用水平。考核供应商的进货费用水平，可以用进货费用节约率来考核：

$$进货费用节约率=\frac{本期进货费用-上期进货费用}{上期进货费用}\times100\%$$

⑦信用度。信用度主要考核供应商履行自己的承诺、不故意拖账、欠账的程度。信用度可以用公式来描述：

$$信用度=\frac{期内失信的次数}{期内交往总次数}\times100\%$$

⑧配合度。配合度主要考核供应商的协调精神。考核供应商的配合度，主要靠主观评分来考核。需寻找和供应商相处的有关人员，让他们根据这个方面的体验为供应商评分。特别典型的，可能会有上报或投诉的情况。这时可以把上报或投诉的情况也作为评分依据之一。

【案例分析】

德尔福的供应商

美国德尔福公司（Delphi Corporation）为福特和通用汽车专业供应标准插座，是它们的一级供应商。但对国内不少汽车零部件企业来说，德尔福则是一个主要买主，是它们进入世界级供应链条的关键接口。可是要成为德尔福的供应商，要求可不低。据德尔福中国公司的副总裁介绍，全球汽车产业发展迅速，为了保持竞争优势，大公司每两三年就要推出新车型，这就对零配件供应商提出了挑战。拥有全球性的技术、全球性的资源才有可能适应这样的发展变化。

质量方面，德尔福对供货商的最低要求是通过ISO9001：2000质量认证，如果通过了TS16949：2002质量认证则更好。

运送要达到世界水平。德尔福希望供应商运送方式是交至承运人（指定地点）（FCA）或交至德尔福工厂（TTOP）。无论何时，出现问题以后，要积极主动地寻求解决方案，要有“追求零缺陷”的态度和做法。他们还要求供应商事故发生率为零，生产过程没有中断，新产品在投放市场过程中没有缺陷。而且，企业的最高领导层要特别重视质量，并参与有关管理措施的具体实施。

德尔福要求供应商协同工作以寻求解决方案，并要求供应商具有用英语通畅交流和沟通的能力。供应商应早期介入产品研制过程（PDP），并共同研究技术发展道路和方向。德尔福还要求供货商每年积极降低成本，注重价值链的核心竞争力，符合MNS2支付条款（即在每个月的第2天让德尔福收到账单），并希望签订长期和终身的合同。

技术问题是制约国内汽车零配件企业与跨国公司充分合作的瓶颈。在汽车零部件的技术开发方面，中国汽车工业在某些中低附加值产品方面具有相当的开发能力，而许多汽车关键的零部件还只是对外国产品的仿制，如中国汽车零部件企业批量生产的发动机只相当于国际上20世纪90年代的水平，汽车发动机行业的整体水平与发达国家相比，差距在20年以上。因此，德尔福在中国一年内投资16亿元，在全国设有十多家合资和独资企业、一个技术中心和一家培训中心，与国内本土企业共享资源。

思考：

1. 德尔福在选择供应商上考虑哪些方面的因素？

2. 结合案例，谈谈供应商的评价标准应包括哪些方面？

3. 你能否为德尔福制订一份能满足他们要求的供应商选择方案？

项目三　采购的执行管理

任务一　采购方式的选择

☞知识目标

通过本任务的学习，了解不同采购方式的含义和特点；熟悉各种采购方式的基本过程和程序；了解不同采购方式适应的不同采购领域；掌握招标采购的步骤和操作程序；掌握准时制采购的实施；掌握联合采购的具体形式。

☞技能目标

能够撰写招投标文件，实施招标采购；能够规划 JIT 采购；能够实施电子商务采购；能够实施联合采购。

【导入案例】

国美采购方式的变革

国美电器作为中国最大的一家连锁型家电销售企业，在全国 280 多个城市拥有直营门店 1200 多家，但随着公司的急剧扩张发展，其采购系统也越来越复杂，采购品种五花八门，采购主体分散，重复采购普遍。供应商数量过多，分布不均匀，加大了国美对供应商管理的难度。再加上旗下拥有国美、永乐、大中、黑天鹅等全国性和区域性家电零售品牌，国美供应链系统必须根据家电行业的发展特殊性进行重新整合、优化和提高。以坚持其"薄利多销、服务争先"的经营策略，确保品牌形象和较高的顾客忠诚度。

分析：针对国美发展中出现的问题，你认为国美在采购方式上应该进行怎样的变革？

采购方式是指企业根据采购目的和要求以及市场的供应情况，在采购过程中运用的方法和形式的总称。目前的采购方式有招标采购、谈判采购、询价采购、单一来源采购、准时制采购、电子商务采购、联合采购等。

本任务介绍目前比较常用的采购方式：招标采购、JIT 采购、电子商务采购、联合采购。

一、招标采购

1. 招标采购的概念及特点

所谓招标，是指由招标人发出公告或通知，邀请潜在的投标商进行投标，然后由招标人通过对投标人所提出的价格、质量、交货期和该投标人的技术水平、财务状况等因素进行综合比较评价，确定其中最佳的投标人为中标人，并与其签订合同的过程。

招标采购，是按照选择交易主体的方式不同而进行划分的一种采购方式。它是指通过招标这种方式去寻求最好的供应商，从而完成采购过程的一种采购方式。

我国从20世纪80年代初开始在相应领域引入招投标制度。2000年1月1日《中华人民共和国招标投标法》(以下简称《招标投标法》)实施标志着我国正式以法律形式确立了招标投标制度。2012年2月1日《中华人民共和国招标投标法实施条例》(以下简称《招标投标实施条例》)施行，以配套的行政法规形式进一步完善了招标投标制度。这说明招标采购这种形式在现代市场经济体制下已经逐渐成为政府、企业或组织广泛采用的一种采购方式。

相比其他采购方式，招标采购体现了公开、公平、公正和诚实信用的原则，具有以下一些特性：

(1) 竞争性。有序竞争，优胜劣汰，优化资源配置，提高社会和经济效益。

(2) 程序性。招标采购活动必须遵循严格的法律程序。《招标投标法》及相关法律政策对招标人确定招标采购内容、招标范围、招标方式、招标组织形式到选择中标人并签订合同的招标采购全过程中的每一环节的工作内容和时间、顺序都有严格的限定，不能随意改变。

(3) 规范性。《招标投标法》及相关法律政策对各招标投标主体的资格、行为和责任以及各个环节的工作条件、内容、形式、标准都有明确的范围要求，应当严格遵守。

(4) 一次性。投标要约和中标承诺只有一次机会，且密封投标，双方不得在招标采购过程中就实质性的内容进行协商谈判，讨价还价，这也是招标采购与谈判采购、拍卖竞价的主要区别。

2. 招标采购的方式

按照竞争开放程度，招标采购方式分为公开招标和邀请招标两种。

(1) 公开招标。

公开招标属于非限制性竞争招标，是招标人以招标公告的方式邀请不特定的法人或其他组织参加投标，按照法律程序和招标文件公开评标标准和办法来选择中标人的一种招标方式。它充分体现招标信息公开性、招标程序规范性、投标竞争公平性，可以降低串标、抬标和其他不正当交易的可能性，最符合招标投标优胜劣汰和“三公”特征的招标方式，它也是主要的采购方式。

(2) 邀请招标。

邀请招标属于有限竞争性招标，也称选择性招标。招标人以投标邀请书的方式直接邀请特定的潜在投标人参加投标，按照法律程序和招标文件规定的评标标准选择中标人的招标方式。邀请招标不必发布招标公告或资格预审公告，但必要时可以组织资格预审，且投标人不应少于3位。由于邀请招标选择投标人的范围和投标人的竞争程度受到一定的限制，可能达不到预期的竞争效果。邀请招标适用于涉及国家安全、国家秘密、商业机密、技术复杂、有客观特殊要求，或受自然环境限制等只有少数几个潜在投标人可供选择的项目，或者招标项目较小，采用公开招标方式的费用占项目合同金额的比例过大的项目。

公开招标和邀请招标采购方式的特点对比见表3-1所示。

表3-1　**公开招标和邀请招标方式对比表**

招标方式对比项目	公开招标	邀请招标
适用条件	适用范围较广，多数项目均可以采用公开招标方式。规模较大、建设周期较长的项目尤为适用	通常适用于技术复杂、有特殊要求或者受自然环境限制等，只有少数潜在投标人可供选择的项目，或者拟采用公开招标的费用占合同金额比例过大的项目
竞争程度	属非限制性竞争招标方式，投标人之间相互竞争比较充分	属有限竞争性招标方式，投标人之间的竞争受到一定的限制
招标成本	招标成本和社会资源耗费相对较大	招标成本和社会资源耗费相对较少
信息发布	招标人以公告的方式向不特定的对象发出投标邀请。依法必须进行招标的项目，应当在指定媒体发布招标公告或资格预审公告	招标人以投标邀请书的方式向特定的对象发出投标邀请
优点	信息公开、程序规范、竞争充分；不容易被串标、抬标；投标人较多，招标人挑选余地较大，有利于从中选择合适的中标人	招标工作量相对较小，招标花费较节省，投标人比较重视，招标人选择的目标性相对集中
缺点	素质、能力良莠不齐，招标工作量大，时间较长	投标人较少，竞争性较差；招标人在选择邀请对象前所掌握的信息存在局限性，有可能得不到最合适的供应商和获得最佳竞争效益

3. 招标采购程序

招标采购最显著的特点就是招标活动具有严格的规范程序。按照《招标投标法》的规定，一个完整的招标采购程序，必须包括招标、投标、开标、评标、中标和签订合同六大环节。

（1）招标。

招标是指招标人按照国家有关规定履行项目审批手续，落实资金来源后，依法发布招标公告或投标邀请书，编制并发售招标文件等具体环节。根据项目特点和实际需要，有些招标项目还要委托招标代理机构组织现场踏勘，进行招标文件的澄清与修改等。由于这些是招标投标活动的起始程序、招标项目条件、投标人资格条件、评标标准和方法、合同主要条款等各项实质性条件和要求都是在招标环节中得以确定，因此，对于整个招标投标过程是否合法、科学，能否实现招标目的，具有基础性的影响。

（2）投标。

投标是指投标人根据招标文件的要求，编制并提交投标文件，响应招标活动。投标人参与竞争并进行一次性投标报价是在投标环节中完成的，在投标截止时间结束后，再不能接受新的投标，投标人也不得再更改投标报价及其他实质性内容。因此，投标情况确定了竞争格局，是决定投标人能否中标，招标人能否取得预期招标效果的关键。

（3）开标。

开标是招标人按照招标文件确定的时间和地点，邀请所有投标人到场，当众开启投标人提交的投标文件，宣布投标人名称、投标报价及投标文件中其他重要内容。开标最基本的要求和特点是公开，保障所有投标人的知情权，这也是维护各方合法权益的基本条件。

（4）评标。

招标人依法组建评标委员会，依据招标文件的规定和要求，对投标文件进行审查、评审和比较，确定中标候选人。评标是审查确定中标人的必经程序。对于依法必须招标的项目招标人必须根据评标委员会提出的书面评标报告和推荐的中标候选人确定中标人，因此，评标是否合法、规范、公平、公正，对于招标结果具有决定性作用。

（5）中标。

中标，也称定标，即招标人从评标委员会推荐的中标候选人中确定中标人，并向中标人发出中标通知书，并同时将中标结果通知所有未中标的投标人。中标既是竞争结果的确定环节，也是表示异议、投诉、举报的环节，有关行政监督部门应当依法进行处理。

（6）签订书面合同。

中标通知书发出后，招标人和中标人应当按照招标文件和中标人的投标文件，在规定时间内订立书面合同，中标人按合同约定履行义务，完成中标项目。依法必须进行招标的项目，招标人应当从确定中标之日起15日内，向有关行政监督部门提交招标投标情况的书面报告。

4. 招标采购的实施

（1）资格预审。

资格预审是招标人通过发布资格预审公告，向不特定的潜在投标人发出投标邀请，由招标人或其组织的资格审查委员会按照资格预审文件确定的资格预审条件、标准和方法，对申请人的经营资格、专业资质、财务状况、类似业绩等条件进行评审，确定合格的申请人。通过资格预审可以减少评标阶段的工作量，缩短评标时间，避免不合格申请人进入投标阶段，从而节约投标成本。同时，可以提高投标人投标的针对性、竞争性，提高评标的科学性、可比性。资格预审比较适合于具有单件性，且技术难度较大或投标文件编制费用较高，或潜在投标人数量较多的招标项目。

①资格预审内容。

资格预审包括两大部分，即基本资格预审和专业资格预审，具体包括以下几个方面：

第一，财务状况。

第二，为履行合同所配备的人员情况。

第三，为履行合同所配备的机械、设备以及施工方案等情况。

第四，经验和以往承担类似合同的业绩和信誉。

②资格预审的程序。

根据《招标投标实施条例》的有关规定，资格预审一般按以下程序进行：

第一，编制资格预审文件。

第二，发布资格预审公告。

第三，发售资格预审文件。

第四，资格预审文件的澄清和修改。

第五，编制并递交资格预审申请文件。

第六，组建资格预审委员会。

第七，评审资格预审申请文件。

第八，确认通过资格预审的申请人。

（2）准备招标文件。

招标文件是整个招标采购活动的核心文件，是招标采购方向潜在投标人发出的要约邀请文件，是告知投标人招标项目中一切相关事项的文件，是招标采购方全部活动的依据，对招标投标各方均具有法律约束力。

招标文件根据招标的范围和标的物的不同，在具体内容上有一定的差异，但是总体来讲都至少应该具备下列环节的内容：

①封面格式。

一般规定，招标文件的封面格式包括的内容有项目名称、标段、“招标文件”四个字、招标人名称和单位印章、时间。

②招标公告与投标邀请书。

对于未进行资格预审的公开招标项目，招标文件应包括：招标公告；对于邀请招标项目，招标文件应包括投标邀请书；对于已经进行资格预审的项目，招标文件也应该包括投标邀请书（代资格预审通过通知书）。

③投标人须知。

投标人须知是招标采购活动应遵循的程序规则和对编制、递交投标文件等投标活动的要求，通常不是合同文件的组成部分。

投标人须知应包括以下内容：

第一，投标人须知前附表。

第二，总则（项目概况、资金来源和落实情况、招标范围及质量要求、投标人资格要求、语言要求、计量单位、踏勘现场、投标预备会、偏离范围与幅度）。

第三，招标文件。

第四，投标文件（投标文件组成、投标报价、投标有效期、投标保证金、资格审查资料、备选方案和投标文件的编制和递交要求）。

第五，投标文件的密封、标识、递交时间和地点、投标文件的修改和撤回等规定。

第六，开标时间、地点和开标程序。

第七，评标委员会、评标原则和评标方法等。

第八，合同授予（定标方式、中标通知、履约担保和签订合同）。

第九，重新招标和不再重新招标的规定。

第十，纪律和监督以及附表格式。

④评标办法。

招标文件中的“评标办法”主要包括选择评标方法、确定评审因素和标准、确定评标程序三个方面。

⑤合同条款及格式。

⑥技术标准与要求。

技术标准和要求主要包括各项工艺指标、材料检验标准以及各分部、分项的检验手段和验收标准等。

⑦投标文件格式。

投标文件格式的主要作用是为投标人编制投标文件提供固定的格式和编排顺序，以规范投标文件的编制，同时便于评标委员会评标。

（3）开标。

开标是招标采购活动的一项重要程序。招标人在投标截止时间的同一时间和招标文件规定的开标地点组织公开开标，公布投标人名称、投标报价以及招标文件规定的其他唱标内容。

招标人应按照招标文件规定的程序开标，一般开标程序如下：

①宣布开标纪律。

②宣布有关人员姓名。

③确认投标人代表身份。

④公布在投标截止时间前接受投标文件的情况。

⑤检查投标文件的密封情况。

⑥宣布投标文件开标顺序。

⑦公布标底。

⑧唱标。

⑨确认开标记录。

⑩开标结束。

（4）评标。

招标采购的评标工作由招标人依法组建的评标委员会按照招标文件规定的评标方法、标准进行评标。整个评标活动应当遵循公平、公正、科学、择优的原则。

①评标程序。

第一，初步评审。初步评审包括符合性检查、资格性评审、响应性评审、组织设计与管理结构评审、商务评审、技术评议等方面。

第二，详细评审。只有在初评中确定为基本合格的投标，才有资格进入详细评审阶段。具体的评标方法取决于招标文件中的规定。

第三，澄清、说明和补正。澄清、说明和补正是指评标委员会在评审投标文件过程中，遇到投标文件中有含义不明确的内容、明显文字或者计算错误时，要求投标人作出书面澄清、说明或补正，但投标人不得借此改变投标文件的实质性内容。投标人不得主动提出澄清、说明或补正的要求。

第四，推荐中标候选人和编写评标报告。评标办法应明确要求评标委员会推荐中标候选人的数量。推荐中标候选人的数量最多为 3 名。招标人也可在评标办法中授权评标委员会在完成评审后直接确定中标人。

评标委员会完成评标后，应编写评标报告。评标报告应由评标委员会全体成员签字。

②评标方法。

在招标采购中，评标方法有很多种，具体取决于采购的范围、标的物的种类、采购单位对采购对象的要求。常用的评标方法分为经评审的最低投标价法和综合评估法两类。

经评审的最低投标价法是以价格为主导考量因素，对投标文件进行评价的一种评标方法。综合评估法是以价格、商务和技术等方面为考量因素，对投标文件进行综合评价的一种评价方法。

具体的采购项目类型和对应的评标方法如表 3-2 所示。

表 3-2 **招标采购项目对应的评标方法汇总表**

项目所属行业及类型	经评审的最低投标价法	综合评估法
工程设计招标采购项目		综合评估法、投票法、排序法
工程货物招标采购项目	全寿命周期成本计算法、合理低价法	
房屋建筑和市政工程招标采购项目	经评审的合理最低投标价法	综合评估法
机电产品国际招标采购项目		最低评标价法、综合评价法（打分法）
政府招标采购项目	最低评标价法、栅栏评标法	综合打分法、性价比法
服务招标采购项目		综合评估法、性价比法

（5）签订合同。

合同协议是根据招标人与中标人按照招标投标及中标结果形成的合同关系。它是为按约定完成相关项目，明确双方责任、权利、义务关系而签订的合同协议书。

签订协议时，双方在不改变招标投标实质性内容的条件下，对非实质性差异的内容可以通过协商取得一致意见。签约时，如果招标文件有规定，中标人应按招标文件约定向招标人提交履约保证金。合同协议书与下列文件一起构成合同文件：

①中标通知书。

②投标函及投标函附录。

③专用合同条款。

④通用合同条款。

⑤技术标准和要求。

⑥设计图纸。

⑦已标价工程量清单。

⑧其他合同文件。

上述合同文件应能相互补充和解释，如有不明确或不一致之处，以上述约定优先次序为准。

二、JIT 采购

1. JIT 采购概述

传统采购是一种基于库存的采购，采购目的都是为了填充库存，以一定的库存来应对用户的需求。这种方式的采购，由于机制的问题，常常导致既有较高的库存，又会出现缺货的可能。为此，人们在采购中一直在寻找一种既能保证企业生产的物资需要，又能使企业库存最小化的方法。20 世纪 90 年代，受 JIT 生产管理思想的启发，JIT 采购应运而生。

（1）JIT 的内涵。

JIT 的基本原理是以需定供，即供方根据需方的要求，按照需方需求的品种、规格、质量、数量、时间、地点等要求，将物品配送到指定地点。不多、不少、不早、不晚，所送品种每个保证质量，没有一个废品。

JIT 采购是一种按制造企业的订单所需进行的采购，是一种订单驱动型采购方式。其流程如图 3-1 所示。

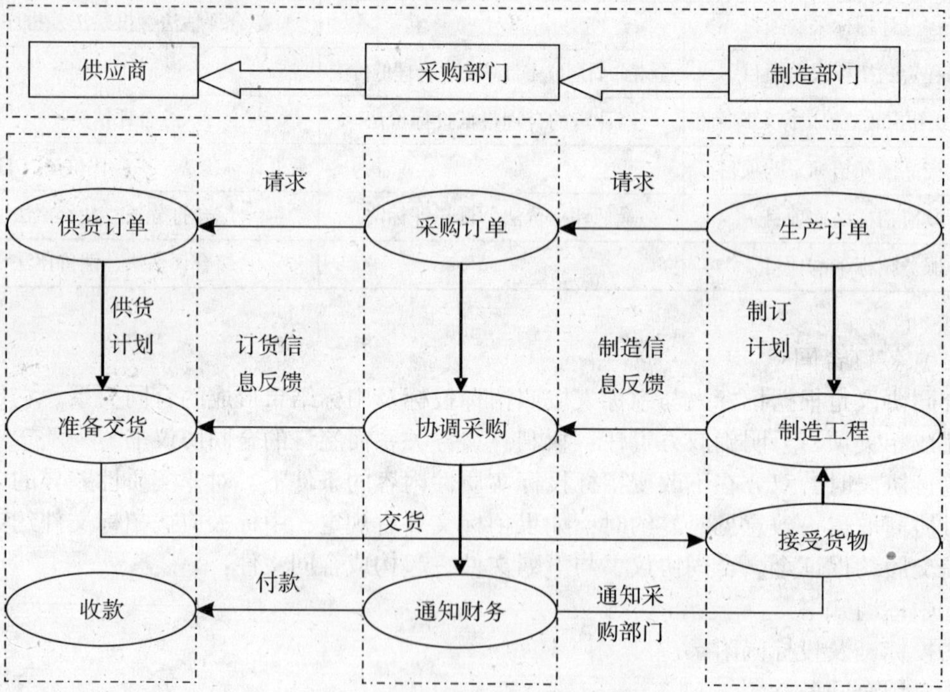

图 3-1　订单驱动型采购流程图

（2）JIT 采购的特点。

JIT 采购的特点体现在以下几个方面：在品种配置上，保证品种的有效性，拒绝不需要的品种；在数量配置上，保证数量的有效性，拒绝多余数量；在时间配置上，保证所需时间，拒绝不按时的供应；在质量配置上，保证产品质量，拒绝次品和废品。与传统的采购方式相比，JIT 采购的不同之处如表 3-3 所示。

表 3-3 **JIT 采购与传统采购的对比分析**

项 目	JIT 采 购	传 统 采 购
采购批量	小批量、高送货频率	大批量、低送货频率
供应商选择	单源供应、长期合作	多源供应、短期合作
供应商评价	质量、交货期和价格并重	质量、价格为主，其次考虑交货期
检查工作	逐渐减少，直到最后消除	收货、点货、质量验收
协商内容	长期合作，质量，合理价格	获得最低价格
运输	准时送货，多以买方负责安排	较低成本，卖方安排
文书工作	文书工作少，交货时间有弹性，质量有保证	文书量大，交货期和质量不能充分保证
产品说明	供应商不断追求创新，强调性能宽松	买方关心设计，供应商没有创新
包装	小、标准化容器包装	普通包装、无特殊说明
信息交流	传递速度快、可靠，充分共享	一般要求

2. 看板管理

看板管理是 JIT 采购最实用、最有效的工具，在 JIT 采购的实施中有着举足轻重的作用。

（1）看板的含义。

所谓看板，就是一张信息卡片，又称要货指令。看板上记录着商品号、商品名称、供应商和需求点（取货地、送货地）、生产或要货数量、所用工位器具的型号、该看板的周转张数等，以此作为取货、运输、生产的凭证和信息指令。由需求方向供货方发出看板，就是向供应商发出什么时间把什么品种、什么规格、什么数量从什么地方送到什么地方的指令。看板可以是不同的材料做成，可以是纸片、塑封纸片、塑料片甚至金属片，可以挂在看板牌上，也可以放在看板袋里。

（2）看板的分类。

根据其服务对象划分，看板分为生产看板和运输看板。生产看板用在生产循环中；运输看板主要用在运输循环中。生产看板循环是从生产的产成品工位到其前面各个工序以及原材料库的看板循环，它主要利用看板指挥其前面各个工序的生产数量和生产时间，索要零部件或工件、原材料。运输看板循环是指从生产部门的产成品到用户需求点的看板循环，主要是用户需求点向产成品供应点索要产成品的看板循环。它们的应用原理都一样，我们这里只讨论从客户需求点到供应商产成品的运输循环。

（3）看板管理运作。

用户与供应商进行 JIT 采购运作，并实行运输看板操作。供应商直接小批量、多批次地送货到用户的生产线需求点。货物以货箱为单位，直接用叉车装运到用户需求点。具体操作过程如下：

当用户在生产线上消耗完一个货箱的货物后，就在空箱上挂一块看板，由叉车取走，直接运到供应商的产成品供应处去要货。供应商按看板指定的需要品种、需要数量备货（或生产）、装货，装货完毕，叉车司机再按看板给定的时间准时运送到用户需求地，供用户继续使用消耗。叉车从用户处离开时又把放在旁边的空箱连同挂在其上的要货看板一起送到供应商处进行下一次的备货、装货和运输，这样循环不止，直到用户需求点完工为止。如果用户什么时候不发出要货看板，则供应商的供应（或生产）也就自然停止。在实际操作时，用户处积累的空箱可能不止一个，可能有多个，这时也可能一次要取多个看板，发出多个货箱的要货指令。这样，一个看板循环过程中的时间构成如下：

①指令等待时间。指令等待时间是指用户处空箱看板的等待时间。它等于从货物用完、货箱腾空开始，直到叉车司机把它取走之间的时间间隔。如果是多个空箱一起取走，则是这多个空箱的平均等待时间。因为一般叉车司机是按一定的频率 F 送货的，这样相邻两次送货之间的时间间隔是 1/F。

②指令传递时间。指令传递时间是指看板卡的传递时间，它等于空箱看板从用户运送到供应商处的传送时间。

③装货停留时间。装货停留时间是指看板空箱在供应商处的装货停留时间，它等于从空箱看板运送到供应处开始，到叉车司机把装满货物后的货箱连同其上的看板启运出发之间的时间间隔。一旦空箱看板指令送到供应商处的存储点，就被贴在一箱装满零件的容器上，这时一箱装满零件的容器和看板卡就准备好了，即可送往用户。

④运输时间。运输时间是指叉车司机将装满货物的容器和看板从供应商运送到用户需求地的运输时间。

在看板供应中，每次订货和供应都是对现实消耗的补充，它体现 JIT 采购的基本原则。这种方式简单实用，是 JIT 采购最有效的管理工具，而且随着计算机通信技术的发展，传统的纸制看板卡片已大多被电传、传真和电子信箱等现代化媒介替代，使得看板供应更为迅速和准确。

直送看板供应是拉动式准时供应的重点方式之一，将 JIT 要求向上游延伸至供应厂商：用户厂家以看板作为自己生产线上需求点的 JIT 要货指令，供应厂商按照看板指令实施生产或运输，即按照看板指定的需要品种、需要数量、需要时间，直接送至用户生产线的需求点，进行生产消耗，而不是运到用户的仓库进行存储。这样就利用看板实现了从供应厂商供应点直接到用户生产线消耗点的直送供应，从而减少了存储点和存储量，降低了用户的库存成本，以及供应厂商的库存成本，发挥了看板的现场自动微调功能，得以平顺排产、运输与仓储作业，降低了调度协调难度和工作量，提高了系统化管理水平。

3. JIT 采购的实施

（1）JIT 采购的实施条件。

成功实施 JIT 采购策略需要具备一定的前提条件，以下条件是实施 JIT 采购最为基本的条件。

①距离越近越好。供应商和用户企业的空间距离越近越好。距离过远，操作不方便，

无法发挥 JIT 采购的优越性，很难实现零库存。

②制造商和供应商建立互利合作的战略伙伴关系。JIT 采购策略的推行有赖于制造商和供应商之间建立起长期的、互利合作的新型关系，相互信任，相互支持，共同获益。

③注重基础设施建设。良好的交通运输和通信条件是实施 JIT 采购策略的重要保证，企业间通用标准的基础设施建设对 JIT 采购的推行也至关重要，所以，要想成功实施 JIT 采购策略，制造商和供应商都应注重基础设施的建设。诚然，这些条件的改善，不仅仅取决于制造商和供应商的努力，各级政府也需加大投入。

④强调供应商的参与。JIT 采购不只是企业物资采购部门的事，它也离不开供应商的积极参与。供应商的参与，不仅体现在准时、按质、按量供应制造商所需的原材料和外购件上，而且体现在积极参与到制造商的产品开发设计过程中。与此同时，制造商有义务帮助供应商改善产品质量，提高劳动生产率，降低供货成本。

⑤建立实施 JIT 采购策略的组织。企业领导必须从战略高度来认识 JIT 采购的意义，并建立相应的企业组织来保证该采购策略的成功实施。这一组织的构成，不仅应有企业的物资采购部门，还应包括产品设计部门、生产部门、质量部门、财务部门等。其任务包括提出实施方案，具体组织实施，对实施效果进行评价，并进行持续的改进。

⑥制造商向供应商提供综合的、稳定的生产计划和作业数据。综合的、稳定的生产计划和作业数据可以使供应商及早准备，精心安排生产，确保准时、按质、按量交货，否则，供应商就不得不求助于缓冲库存，从而增加其供货成本。有些供应商在制造商工厂附近建立仓库以满足制造商的 JIT 采购要求，实质上这不是真正的 JIT 采购，而只是负担的转移。

⑦着重教育与培训。通过教育和培训，制造商和供应商充分认识到实施 JIT 采购的意义，并使他们掌握 JIT 采购的技术和标准，以便对 JIT 采购进行不断的改进。

⑧加强信息技术的应用。JIT 采购是建立在有效信息交换的基础上的，信息技术的应用可以保证制造商和供应商之间的信息交换，因此，制造商和供应商都必须加强对信息技术，特别是电子数据交换（EDI）技术的应用投资，以便更加有效地推行 JIT 采购策略。

（2）JIT 采购的实施步骤。

想要成功实施 JIT 采购策略，除了要具备一定的前提条件外，还必须遵循一定的科学实施步骤。在实施 JIT 采购时，可以遵从以下步骤：

①创建 JIT 采购班组。

JIT 采购班组的作用就是全面处理 JIT 有关事宜。要制定 JIT 采购的操作规程，协调企业内部各有关部门的运作，协调企业与供应商之间的运作。JIT 采购班组除了采购科的有关人员之外，还要由本企业以及供应商企业的生产管理人员、技术人员、搬运人员等共同组成。一般应成立两个班组：一个班组是专门处理供应商事务的班组，该班组的任务是培训和指导供应商的 JIT 采购操作，衔接供应商与本企业的操作流程，认定和评估供应商的信誉、能力，与供应商谈判签订 JIT 订货合同，向供应商发放免检签证等；另一个班组是专门协调本企业各个部门的 JIT 采购操作、制定作业流程、指导和培训操作人员，并且进行操作检验、监督和评估。这些班组人员，对 JIT 采购的方法应有充分的了解和认识，必要时要进行培训。

②制订计划，确保 JIT 采购策略有计划、有步骤地实施。

要制定采购策略以及改进当前采购方式的措施，包括减少供应商的数量、供应商的评价、向供应商发放签证等内容。在这个过程中，要与供应商一起商定 JIT 采购的目标和有关措施，经常保持信息沟通。

③精选少数几家供应商建立伙伴关系。

供应商和制造商之间互利的伙伴关系，意味着双方之间充满了紧密合作、主动交流、相互信赖的和谐气氛，共同承担长期协作的义务。在这种关系的基础上，发展共同的目标，分享共同的利益。

当然，这种互利的伙伴关系的建立需要经过长期的工作，要求双方有坚定的决心和奉献的精神。同时，一个企业只能选择少数几个最佳供应商作为工作对象，抓住一切机会加强与它们之间的业务联系。

④进行试点工作。

先从某种产品或某条生产线的试点开始，进行准时零部件或原材料的 JIT 供应试点。在试点过程中，取得企业各个部门的支持是很重要的，特别是生产部门的支持。通过试点，总结经验，为正式的 JIT 采购实施打下基础。

⑤搞好供应商的培训，确定共同目标。

JIT 采购是供需双方共同的业务活动，单靠采购部门的努力是不够的，需要供应商的配合。只有供应商也对 JIT 采购的策略和运作方法有了认识和理解，才能获得供应商的支持和配合，因此，需要对供应商进行教育培训。通过培训，大家取得一致的目标，相互之间就能够很好地协调，做好采购的 JIT 工作。

⑥给供应商颁发产品免检证书。

在实施 JIT 采购策略时，核发免检证书是非常关键的一步。颁发免检证书的前提是供应商的产品 100%合格。为此，核发免检证书时，要求供应商提供最新的、正确的、完整的产品质量文件，包括设计蓝图、规格、检验程序以及其他必要的关键内容。

有些公司在核发免检证书的初始阶段，只发放单件产品的免检证，但是最终目标还是为了发放供应商的免检证，并完全免除采购物资中常规产品的进货检查。达到这个目标后，就只需对尚未获得免检证书的新产品和新零件进行进货检查，直到它们也达到免检要求为止。最后，所有采购的物资就可以从卸货点直接运至生产线上进行使用。

⑦实现配合进度的交货方式。

向供应商采购原材料和外购件，其目标是要实现这样的交货方式：当企业正好需要某物资时，该物资就运抵卸货月台，并随之直接运至生产线，生产线拉动它所需的物资，并在制造产品时使用该物资。

⑧继续改进，扩大成果。

JIT 采购是一个不断完善和改进的过程，需要在实施过程中不断总结经验教训，从降低运输成本，提供交货的准确性，提高产品的质量，降低供应商库存等各个方面进行改进，不断提高 JIT 采购的运作绩效。

（3）JIT 采购的实践分析。

美国加利福尼亚州立大学的研究生对汽车、电子、机械等企业的 JIT 采购者做了一次效果问卷调查，共调查了 67 家美国公司。这些公司规模不一，其中包括著名的 3Com 公司、惠普公司、苹果电脑公司等。这些公司有的是制造商，有的是分销商，有的是服务业，调查的对象为公司的采购与物料管理经理。调查的有关内容和类别，见表 3-4 至表 3-7。

表 3-4 **JIT 采购成功的关键因素**

问　题	肯定回答占的百分比（%）
和供应商的相互关系	51.5
管理的措施	31.8
适当的计划	30.3
部门协调	25.8
进货质量	19.7
长期的合同协议	16.7
采购的物品类型	13.6
特殊的政策与惯例	10.6

表 3-5 **JIT 采购解决的问题**

问　题	肯定回答占的百分比（%）
空间减少	44.8
成本减少	34.5
改进用户服务	34.5
及时交货	34.5
缺货问题	17.2
改进资金流	17.2
提前期减少	10.3

表 3-6 **实施 JIT 采购困难的原因**

问　题	肯定回答占的百分比（%）
缺乏供应商的支持	23.6
部门之间协调性差	20.0
缺乏对供应商的激励	18.2
采购物品的类型	16.4
进货物品质量差	12.7
特殊政策与惯例	7.1

表 3-7　　与供应商有关的 JIT 采购问题

问　　题	肯定回答占的百分比（%）
很难找到好的供应商	35. 6
供应商不可靠	31. 1
供应商太远	26. 7
供应商太多	24. 4
供应商不想频繁交货	17. 8

从以上调查报告不难得出以下几个方面的结论：

第一，JIT 采购成功的关键是与供应商的关系，而最困难的问题也是缺乏供应商的合作。供应链管理所倡导的战略伙伴关系为实施 JIT 采购提供了基础性条件，因此，在供应链环境下实施 JIT 采购比传统管理模式下实施 JIT 采购更加具有现实意义和可能性。

第二，很难找到“好”的合作伙伴是影响 JIT 采购的第二个重要因素，如何选择合适的供应商就成为影响 JIT 采购的重要条件。在传统的采购模式下，企业之间的关系不稳定，具有风险性，影响到合作目标的实现。供应链管理模式下的企业是协作性战略伙伴，因此为 JIT 采购奠定了基础。

第三，缺乏对供应商的激励是 JIT 采购的另外一个影响因素。要成功地实施 JIT 采购，必须建立一套有效的供应商激励机制，使供应商和用户一起分享 JIT 采购的好处。

第四，JIT 采购不单是采购部门的事情，企业的各部门都应为实施 JIT 采购创造有利的条件，为实施 JIT 采购而共同努力。

三、电子商务采购

1. 电子商务采购的含义及特点

电子商务出现后，我们可以通过电子手段完成商业贸易活动过程中的很多环节，主要包括电子交易、电子支付、电子安全、电子广告、电子邮件等。其中，电子交易是最主要的功能，是电子商务的支柱，其他的功能基本上也是围绕为电子交易服务的。

所谓的电子商务采购，就是利用电子商务形式进行的采购活动。因为电子商务主要是在计算机网络上进行的，所以电子商务采购又称为网上采购。电子商务是电子商务采购的基础和环境。

与其他的采购方式相比，电子商务采购具有以下特点：

（1）公开性。

因为电子商务采购是在网上进行的，而互联网具有公开性的特点，全世界人民都可以看到采购方的采购公告，都可以前来投标，所以采购具有公开性。

（2）广泛性。

与传统的供应源寻找相比，电子方式的供应源寻找确保了更广泛的供应商选择范围。

（3）交互性。

在电子商务采购过程中，采购方与供应商可以通过电子邮件或聊天方式进行信息交流。既方便，又迅速，而且成本较低。

(4) 信息共享，减少误差。

采购中许多步骤的自动化将在很大程度上减少误差的范围，实现信息共享。

(5) 高效率，低成本。

传统采购的低效率和重复的过程导致了比较高的交易成本，电子商务采购的一个关键优势就是能在每次交易中以较低的成本简化流程。这就显著消减了大量人工干预需求，解放了员工，使其工作更有效率。

2. 电子商务采购模式

电子商务采购模式主要分为第一方电子商务采购模式、第二方电子商务采购模式、第三方电子商务采购模式。

(1) 第一方电子商务采购模式。

第一方电子商务采购模式，即由一些大企业建立自己的电子采购网站，供应商在网站注册成为其会员，这种模式在由少数几家大型购买方主导的行业内尤为明显，如航天、汽车、零售等行业。但是，这样的模式不适合中小企业，主要有以下原因：

①成本较高。中小型企业处于势均力敌的竞争状态，几乎不存在垄断。在这样的行业中，由一家或者几家企业建立自己的网站几乎是不可行的，因为所要耗费的大量人力、财力成本是这些企业所不能承担的。

②低效率，不支持实时采购。由于在买方采购网站上注册的供应商数量有限，而且种类也局限于能提供买方常用原料的供应商，所以，如果企业在生产过程中出现了产品短缺或者机器发生故障，需要市场快速解决急需的特殊产品时，买方采购网站未必能解决。

③市场不平等性。由买方建立电子市场的不平等性主要表现在买卖双方的实力不对称上，即在这样的市场中，买方处于优势，卖方处于劣势。实际上，对于一些供应商众多的完全竞争供应市场，买方购买的数量不是很多时，买方不可能也没有必要采用买方电子商务模式。中小企业在国内的知名度不高，很多中小企业只是面向区域的，其采购网站无论从技术上还是形象设计上，同国内大型企业和机构相比较还是不尽如人意，其对供应商的吸引力也是有限的。

(2) 第二方电子商务采购模式。

第二方电子商务采购模式不需要买方进行大量信息和系统的维护工作，但是这一模式还是会使买方举步维艰。首要问题是，对于许多企业来讲，要到浩瀚的网络中逐个登录供应商的门户网站寻找目标供应商进行比较最终达成意向是非常费时费力的。第二方电子商务采购模式也存在以下问题：

①产品选择的高成本。企业必须在浩瀚的网络中逐个登录供应商网站的门户网站寻找目标供应商，并进行比对。这与传统的采购相比并没有太大的改观。

②低效率，不支持实时采购。如果企业在生产过程中出现了产品短缺或者机器发生了故障，需要市场快速解决急需的特殊产品时，卖方模式未必能快速且低廉地供货。

③市场不平等性。在这样的市场中，卖方处于优势，买方处于劣势。

(3) 第三方电子商务采购模式。

正是由于上文对第一方和第二方电子商务采购模式缺陷的分析，以及企业虚拟化和非核心能力外包趋势的增加，近年来，基于第三方的电子商务采购模式越来越多地被大家接受，行业采购网站的逐渐出现就是一个体现。在第三方模式下，第三方以自身的专业化采购技能，为客户提供完善的电子采购服务，建立了一个网上交易市场和服务平台，支持从买卖信息的撮合到交易完成的整个过程，即一站式采购。通过第三方电子采购网站，买卖双方可以得到更专业、更快速、更安全的服务，有利于双方交易的顺利进行。

在原来的以第一方或第二方管理为基础的采购模式中，买卖双方要花费大量的时间、精力和资源来维护目录系统及各种形式的信息协定。当第三方中介商出现时，他们能提供专业化的服务，并以此作为核心竞争力，从而把压在买卖双方身上的重负去掉，使得买家或卖家有更多的精力去关注采购业务本身，而不是维护目录或系统支持。由于交易平台将不同的供应商、采购商集中到同一个市场中，大大方便了买方对产品的查找和对供应商的挑选，而卖方则更方便地推广其产品，降低了销售成本。

这种由中介商控制的电子商务采购模式的一大优势就是提高了效率。相对于原有的电子商务采购模式来说，效率提高主要体现在采购的动态性和实时性上。在原有的采购模式下，当有突发事件发生需要紧急采购时，还需要采购部门先对潜在供应商进行评估，之后才能完成采购流程。而在由中介商控制的采购模式中，由于有更多的供应商信息存储在数据库中，使得供应商评估变得相对简单迅速，这样才能实现采购的实时性。

3. 电子商务采购程序

网上采购程序主要包括采购前的准备工作、采购中供需双方的磋商、合同的制定与执行、交付与清算等环节。

（1）采购前的准备工作。

对于采购商来说，采购前的准备过程就是向供应商进行宣传和获取有效信息的过程。在网络环境下，将演变成供应商积极把自己产品的信息资源（如产品价格、质量、公司状况、技术支持等）在网上发布，采购方则随时上网查询并了解自己所需要的商品信息资源。双方推拉互动，共同完成商品信息的供需实现过程。在网络环境中，信息的交流通常是通过登录和浏览对方的网站和主页来完成，其速度和效率是传统方式所无法比拟的。采购前的信息交流主要是企业对供应商的产品价格和质量进行了解，因此，价格在很大程度上决定着采购决策。

（2）供需双方的磋商。

在网络环境下，传统采购磋商的单据交换可以演变为记录、文件或报文在网络中的传输过程。各种网络工具和专用数据交换协议自动地保证了网络传递的准确性和安全可靠性。企业一旦选择了合适的能保证最佳产品质量、最合理价格、最优质服务的供应商，就可以在网上与其磋商、谈判。各种商贸单据、文件（如价目表、报价表、询盘、发盘、订单、订购单应答、订购单变更要求、运输说明、发货通知、付款通知、发票等）在网络交易中都变成了标准的报文形式，减少了漏洞和失误，规范了整个采购过程。

（3）合同的制定与执行。

磋商过程完成之后，需要以法律文书的形式将磋商的结果确定下来，以监督合同的履行，因此，双方必须以书面形式签订采购合同。这样，一方面可以杜绝采购过程中的不规范行为，另一方面也可以避免因无效合同引起的经济纠纷。因为网络协议和网络商务信息工具能够保证所有采购磋商文件的准确性和安全可靠性，所以双方都可以通过磋商文件来约束采购行为和执行磋商的结果。

（4）支付与清算过程。

采购完成后货物入库，企业要与供应商进行支付与结算活动。企业支付给供应商采购价款的方式目前主要有两大类：一类是电子货币类，包括电子现金、电子钱包和电子信用卡等；另一类是电子支票类，如电子支票、电子汇款、电子划款等。前者主要用于企业与供应商之间的小额支付，比较简单；后者主要用于企业与供应商之间的大额资金结算，比较复杂。

4. 电子商务采购实施步骤

第一步，企业要进行采购分析与策划，对现有采购流程进行优化，制定出适宜网上交易的标准采购流程。

第二步，建立网站。这是进行电子商务采购的基础平台，要按照采购标准流程来组织页面，可以通过虚拟主机、主机托管、自建主机等方式来建立网站，特别是加入一些有实力的采购网站，通过它们的专业服务，可以享受到非常丰富的供求信息，收到事半功倍的效果。

第三步，采购方通过互联网发布招标采购信息（即发布招标书或招标公告），详细说明对物料的要求，包括质量、数量、时间、地点等，对供应商的资质要求等，也可以通过搜索引擎寻找供应商，主动向他们发送电子邮件，对所购物料进行询价，广泛收集报价信息。

第四步，供应商登录采购单位网站，进行网上资料填写和报价。

第五步，采购方对供应商进行初步筛选，收集投标书或进行贸易洽谈。

第六步，网上评标，由程序按设定的标准进行自动选择或由评标小组进行分析评比选择。

第七步，在网上公布中标单位和价格，如有必要可对供应商进行实地考察后签订采购合同。

第八步，采购实施。中标单位按采购订单通过运输交付货物，采购单位支付货款，处理有关善后事宜。按照供应链管理思想，供需双方需要进行战略合作，实现信息共享。采购单位可以通过网络了解供应单位的物料质量及供应情况，供应单位可以随时掌握所供物料在采购单位中的库存情况及采购单位的生产变化需求，以便及时补货，实现准时化生产和采购。

电子商务采购是一种非常有前途的采购方式，它主要依赖于电子商务技术的发展和物流技术的提高，依赖于人们思想观念和管理理念的改变。我国目前已经有不少企业以及政府采用了网上采购的方式，对降低采购成本，提高采购效率，杜绝采购腐败起到了十分积极的作用，因此应该大力提倡这一新的采购方式。

四、联合采购

1. 联合采购的含义

传统采购是企业根据生产需要，首先由各需要单位在月末、季末或年末，编制需要采购物资的申请计划；然后由物资采购供应部门汇总成企业物资计划采购表，报经主管领导审批后，组织具体实施。传统采购的供应关系如图 3-2 所示。在大型的集团企业中，为了实现规模经济，降低采购成本，企业会在集团内部实行集中采购模式，即通过对同一类材料进行集中化采购管理，企业的集中采购供应关系如图 3-3 所示。

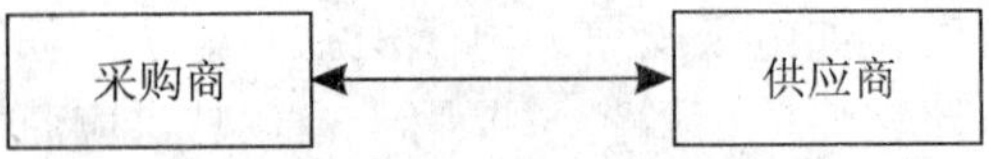

图 3-2 传统采购供应关系图

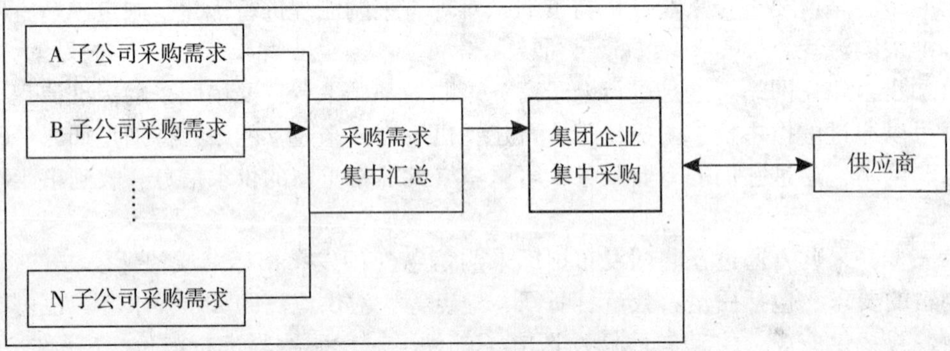

图 3-3 集中采购供应关系图

集中采购是指企业或集团企业内部的集中化采购管理。联合采购是指在同质性企业中，把需要购买同一产品的客户联合在一起，使其产品的数量达到可以取得规模经济效益的状态，而统一向供应商提出采购需求的一种新型采购方式，因此，可以认为联合采购是集中采购在外延上的进一步拓展。这种新型采购方式因具有降低采购价格，节约管理费用，节省前期投入，建立战略合作，共享库存资源，减少运输费用等优势，正在被全世界企业，特别是中小型企业广泛使用。联合采购供应关系如图 3-4 所示。

2. 实施联合采购的必要性

（1）降低采购成本，获得最大利润。

联合采购能将多个同质的不同企业的分散订单集合起来，形成一个统一体，并向外界采购产品，积小单位为大单位，从而使采购拥有更大的发言权。一方面，联合采购可以通过全面掌握各企业的需求情况，与供应商签订统一合同，利用规模优势来提高议价能力，从而大大降低采购成本。另一方面，企业通过电子商务平台订货，提高了采购效率，节省了人工和通信费用，降低了间接采购成本。并且，企业在运输环节的联合，通过合并小批量的货物运输，使得单次运量加大，减少了运输费用。

（2）提高市场透明度，避免无谓竞争。

基于电子商务的联合采购将企业的采购信息透明化，提高了市场的透明度（市场透明度包括产品透明度、供应商透明度和价格透明度），加强了供货市场竞争，使供货价格降低，从而改变了传统企业仅靠成本竞争的局面。

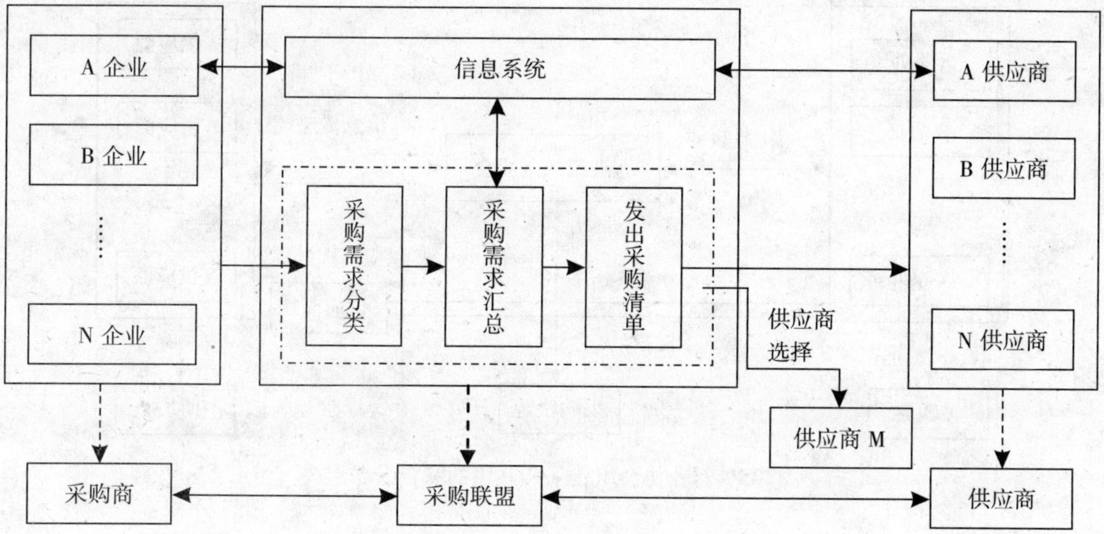

图 3-4　联合采购供应关系图

同时，联合采购的前提是要有相同的需求，因此，联合采购的企业往往是同行，这种通过与竞争对手合作的采购模式改变了企业之间相互替代的横向竞争关系。合作双方有一个共同的利益目标——降低采购成本，因此相互合作，减少恶性竞争，最终创造一个共同发展的良好市场环境。

（3）创造协同效应，实现规模经济。

从价值链的角度来看，联合采购是多个企业通过价值链上的活动协调和共享达到扩大价值的目的，这种协调和共享可有效地降低业务活动成本和增强竞争力。每个企业的资源和能力都是有限的，走联合之路，合理利用资源，进行优势互补，可以产生良好的协同效应。区域内的联合采购形成一定的采购规模，组成“联合舰队”，可以降低买方采购成本，降低卖方生产成本，以及实现供应商资源的共享。

3. 联合采购的实施形式

企业联合采购的实施形式主要有行业协会组建采购联盟形式、企业自身的采购战略联盟形式、第三方联合采购联盟形式三种。

（1）行业协会组建采购联盟形式。

行业协会组建采购联盟的实施形式如图 3-5 所示，具有很强的区域性。一般是在企业所处的区域中形成采购联盟，这种形式下具有物流配送方便、交易成本低、便于管理和可操作性高等优势。在信息爆炸时代，市场信息量剧增，信息的真假分辨越来越复杂，单靠一个中小企业自身去完成采购信息的搜寻和甄别工作量大，成本高，然而，借助中小企业行业协会可以在较低的市场成本下较好地完成采购信息的搜寻和甄别任务。

行业协会组建的联合采购联盟在操作过程中，由于中小企业没有参与采购的具体环节，很难及时掌握采购信息。同时，目前大多行业协会存在“官商作风”的问题，办事程序多，效率低，这在一定程度上影响了采购的效率。此外，很难有效对中小企业

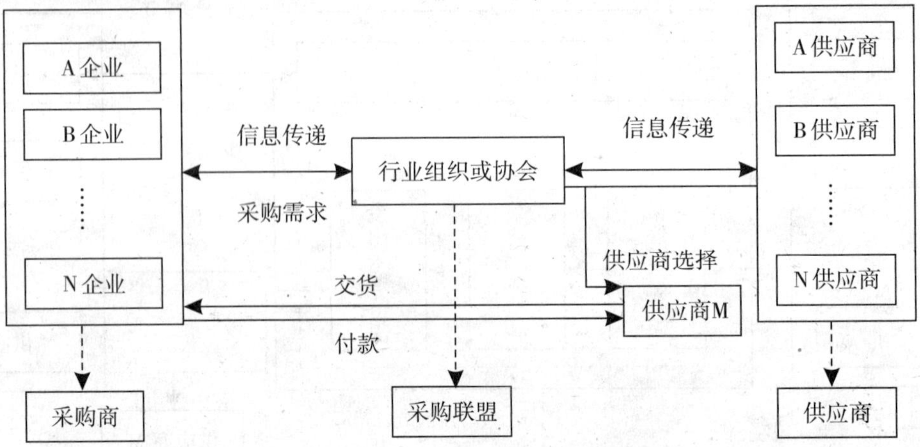

图 3-5　行业协会组建采购联盟的联合采购形式

采购需求的多边性作出迅速反应。这些是目前采用行业协会组建采购联盟中存在的主要问题。

（2）企业间的采购战略联盟形式。

采购战略联盟是指两个或两个以上的企业出于对整个世界市场的预期目标和企业自身总体经营目标的考虑，采取一种长期联合与合作的采购方式，具体实施模式如图 3-6 所示。这种联合是自发的，非强制性的，联合各方仍保持各个公司采购的独立性和自主权，彼此依靠相互间达成的协议以及经济利益的考虑联结成松散的整体。现代网络信息技术的发展，开辟了一个崭新的企业合作空间，企业可通过网络保证采购信息的即时传递，使处于异地甚至异国的企业实施联合采购成为可能。国际上，一些跨国公司为充分利用现有规模效益，降低采购成本，提高企业的经济效益，正在向采购战略联盟发展。

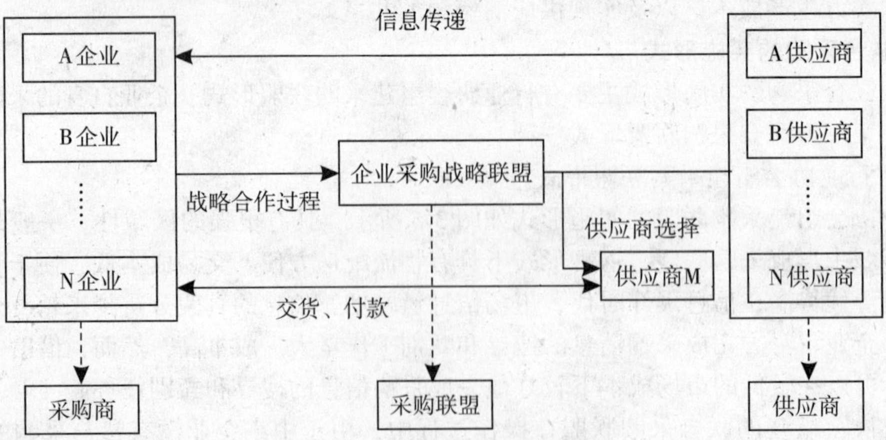

图 3-6　企业采购战略联盟的联合采购形式

这种采购联盟的形式优点在于企业整体参与到采购活动中去，对采购的价格、价格折扣、采购的质量、供应商的情况都有全面的了解。在该采购联盟的实施形式中，企业不用担心会产生“机会主义联盟”，对采购活动有较强的控制能力，采购过程相对透明。但是，该采购联盟形式下参与的企业数量毕竟有限，可能会出现难以达到理想中的规模效应。同时，这种采购联盟形式由于具有较大的随意性，没有固定的采购联盟组织形式，无形中加大了联合采购运作的不确定性。

（3）采购外包第三方联合采购联盟形式。

第三方作为一个专门从事采购业务的营利组织，用其专业化的知识为企业采购服务。在第三方运营的联合采购形式中，企业和供应商之间的信息都是靠第三方来传递，具体实施模式如图 3-7 所示。第三方会对企业和供应商的各自利益有所保障，如采购质量、供货时间等，对供应商所生产的产品进行跟踪，监督检查，对所搜集的信息进行专业化分析加工并传递给企业。此外，拥有专业化知识的第三方会对企业的经营决策提供建议，以便企业作出科学的采购决策。

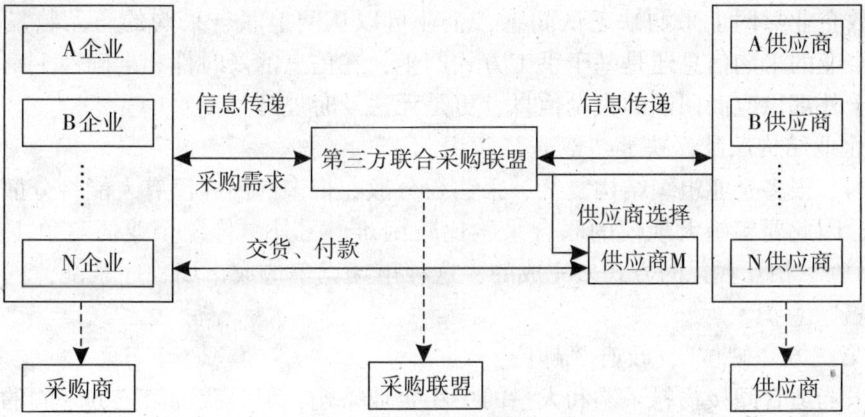

图 3-7 采购外包第三方采购联盟的联合采购形式

上述三种联合采购实施形式各有其优缺点，企业可根据自身的特点选择合适的形式，扬长避短。

4. 联合采购的实施步骤

（1）建立采购联盟，制定联盟公约。

企业根据自身的特点选择适合本企业采购情况的采购联盟方式，构建联合采购组织。建立联合采购组织包括成员企业组建、联合体内部管理机构建立、采购联盟公约制定。

（2）汇总各企业的采购需求，确定联合采购的物资。

当联合采购企业间达成采购意向后，就联合采购物资进行确定。由于每家企业所需采购的物资会有几百种，甚至更多，企业不可能对所有物资进行联合采购。因此，首先，应把本企业物资按品种、规格、型号进行分类，寻找不同企业物资的“交集”；再对其中需求总量较大或购买金额较大的物资逐一分析，使价格有下调空间，市场竞争激烈的物资作为联合采购的对象，建立联合采购物资信息库。

（3）建立基于网络平台的联合采购系统。

联合采购是在同质企业间形成的一种采购方式，因此信息的迅速传递和共享就尤其重要，建立联合采购信息系统是企业实施联合采购中重要的步骤。

（4）采购物品库的管理。

企业对需要实施联合采购的物品进行相应的市场调研，掌握市场物品供应情况。

（5）供应商的选择和评价。

采购联盟进行供应源的开发、选择和评估，构建相应的供应商关系管理系统。

（6）订货请求的处理和账务管理。

这个步骤是在已经选定的供应商的基础上进行具体采购订单的实施。

（7）到货处理，物流配送。

这个步骤涉及采购具体实施环节中的物流管理。

5. 我国企业目前实施联合采购存在的问题

（1）企业信息化水平较低。

企业联合采购需要先进的信息化设施，我国市场条件相对滞后，整个物流水平较低，加之大多数企业对网上采购缺乏认同感，企业可以从网上联合采购的商品数量有限。目前，很多企业的采购信息还是基于手工方式产生，在信息的及时性和准确性上都不能满足要求，对于外部供应商回馈的大量信息，更是无法及时处理。

（2）企业结构散乱，缺乏“双赢”意识。

在我国，很多企业组织结构复杂，采购权分散在很多部门，没有人能将分散的采购品进行整合，因此要实施大规模的联合采购比较困难。另外，传统企业的竞争主要是通过“大鱼吃小鱼”相互吞并的方式来完成的，这种市场竞争造成市场秩序紊乱，同质企业间缺乏“双赢”意识。

（3）第三方“缺位”，政府“越位”。

联合采购适合间接物料采购和大量的中小企业采购，但是我国第三方采购的缺乏成为发展联合采购的一个瓶颈。往往是企业有联合意愿，却没有强有力的第三方进行组织，而由企业直接形成的联合很容易产生利益纠纷而使联合崩溃。同时，行业协会下的联合采购有更多政府参与的色彩，不能更好地发挥市场本身的调控机制，以致不能很好地达到联合采购的效果，有时甚至会起到相反的作用。

如今，随着世界竞争的加剧，越来越多的企业寻求在采购过程中实施联合，希望通过联合提高买家的议价能力，达到降低采购成本的目的。同时，伴随互联网的发展，传统企业开始建立以行业为基础的公共信息平台，通过电子商务联合独立厂商进行较大规模的联合采购。相比国外的成熟市场，我国企业联合采购还处于幼稚阶段，虽然有很多困难阻碍它的进一步发展，但是联合采购在我国还是有很大的发展潜力。

【案例分析】

海尔基于电子商务平台推行的 JIT 采购

海尔物流的特色是借助专业物流公司的力量，在自建基础上实行小外包，总体实行准时采购，原材料准时配送和成品准时配送的同步流程。同步模式的实现得益于海尔现代集成信息平台，海尔用 GRM 与 BBP 电子商务平台架起了全球用户资源网和全球供应链资源网的沟通桥梁，从而实现了与用户零距离，提高了海尔对订单的响应速度。

海尔的 BBP 采购平台由网上订单管理平台、网上支付平台、网上招标竞价平台和网上信息交流平台有机组成。网上订单管理平台使海尔 100%的采购订单由原来的 10 天减少到 3 天，同时，供应商可以在网上查询库存，根据订单和库存情况及时补货。网上支付平台则有效地提高了销售环节的工作效率，支付准确性和及时率达到 100%，为海尔节约了近 1000 万元的差旅费，同时降低了供应链的管理成本。目前，海尔的网上支付已达到总支付额的 20%。网上招标竞价平台通过网上招标，不仅使竞价、价格信息管理准确化，而且防止了暗箱操作，降低了供应商的管理成本，实现了以时间消灭空间的目的。网上信息交流平台使海尔与供应商在网上就可以进行信息互动交流，实现信息共享，强化合作伙伴关系。除此之外，海尔的 ERP 系统还建立了其内部的信息高速公路，实现了将用户信息同步转为企业内部的信息，实现以信息代替库存，接近零资金占用。

在采购 JIT 环节上，海尔实现了信息同步，采购、备料同步，距离同步，大大降低了采购环节的费用。信息同步保障了信息的准确性，实现了准时采购；采购、备料同步，使供应链上原材料的库存周期大大缩减；与供应商、分供方的距离同步，有力地保障了海尔 JIT 采购与配送。目前已有 7 家国际化供应商在海尔建立了两个国际工业园，爱默生等 12 家国际化供应商正准备进驻工业园。

分析与思考：

1. 企业应从哪些方面去保证 JIT 采购实施的有效性？
2. 案例中，在 JIT 采购与电子商务采购这两种采购方式之间存在怎样的关系？

（案例来源：http：//51manage. aa. topzj. com. ）

任务二 采购谈判

☞知识目标

通过本任务的学习，了解谈判的不同类型及适用范围；理解采购谈判的内容及原则；掌握采购谈判的程序及采购谈判各个阶段的操作要点；基本掌握组织实施采购谈判的流程；基本掌握采购谈判的策略和技巧。

☞技能目标

能制订采购谈判计划；学会运用各种谈判策略与技巧；会进行采购合同的谈判。

【导入案例】

农夫的玉米

一个农夫在集市上卖玉米。他的玉米棒子特别大，因此吸引了一大堆买主。其中一个买主在挑选的过程中发现很多玉米棒子上有虫子，于是他故意大惊小怪地说："伙计，你的玉米棒子倒是不小，只是虫子太多了，你想卖玉米虫呀？可谁爱吃虫肉呢？你还是把玉米挑回家吧，我们到别的地方去买好了。"

买主一边说着，一边做着夸张而滑稽的动作，把众人都逗乐了。农夫见状，一把从他手中夺过玉米，面带微笑却又一本正经地说："朋友，我说你是从来没有吃过玉米咋的？我看你连玉米质量的好坏都分不清，玉米上有虫，这说明我在种植中，没有施用农药，是天然植物，连虫子都爱吃我的玉米棒子，可见你这人不识货！"接着，他又转过脸对其他的人说："各位都是有见识的人，你们评评理，连虫子都不愿意吃的玉米棒子就好么？比这小的棒子就好么？价钱比这高的玉米棒子就好么？你们再仔细瞧瞧，我这些虫子都很懂道理，只是在棒子上打了一个洞而已，棒子可还是好棒子呀！"

他说完了这一番话语，又把嘴凑到那位故意刁难他的买主耳边，故作神秘状，说道："这么大，这么好吃的棒子，我还真舍不得这么便宜地就卖了呢！"

农夫的一席话，把他的玉米棒子的个头大，好吃，虽然有虫但售价低廉等这些特点都表达出来了，众人被他的话语说得心服口服，纷纷掏出钱来，不一会儿工夫，农夫的玉米销售一空。

案例解析：

说话要讲究艺术，这似乎是一个非常简单的问题。但同样一句话，不同的人说，效果会不同，反过来说和正过来说效果也不同。在本案例中，农夫就充分运用了语言的艺术，利用不同的表述方式，反映了问题的不同方面，从而使问题由不利转向有利。

（案例来源：http：//sale. nlp. cn.）

一、采购谈判导论

谈判是社会生活中经常发生的事情，几乎每个人都在某一特定条件下成为一个谈判者。与小商贩讨价还价，购买他的农产品；与单位的领导讨论个人的工作调整；也可能作为企业代表与其他谈判者磋商某一交易合同；甚至作为外交人员与其他国家的官员商讨国际间的事情。这些都是谈判，谈判是人们生活中不可缺少的一部分。有关研究资料表明，发达国家约有10%的人每天直接或间接地从事谈判活动，其中职业的商务谈判占5%以上。

1. 谈判的含义及特点

谈判是指参与各方出于某种需要，在一定的时空条件下，采取协调行为的过程。

（1）谈判建立在人们需要的基础上。

美国杰出谈判家尼伦伯格曾指出，当人们想交换意见、寻求同意或者改变关系时，人们开始谈判。这里，交换意见、寻求同意和改变关系都是人的需要，需要包括的内容极为广泛，如物质需要和精神需要、低级需要和高级需要等。需要推动人们进行谈判，需要越强烈，谈判的动因就越明确。另外，谈判是两方以上的行为，只有各方的需要能够通过对方的行为得到满足时，才会产生谈判。因此，无论什么样的谈判，都是建立在需要的基础上的。

（2）谈判是两方以上的交际活动。

要谈判，就需要有谈判对象，只有一方是无法进行谈判活动的。从采购人员与推销人员的一对一谈判，到联合国的多边谈判，都说明谈判至少要有两方以上的参加者。既然有两方以上的人员参加，这种活动就是一种交际活动，就需要运用交际手段和交际策略实现交易的目的。

（3）谈判是寻求建立或改善人们的社会关系。

人们的一切活动都是以一定的社会关系为背景的。谈判的目的是要获得某种利益，要实现追求的利益，就需要建立新的社会关系或改善原有的社会关系，而这种关系的建立是通过谈判实现的。

（4）谈判是一种协调行为的过程。

任何谈判协议的达成，都是寻求协调、达到统一的结果。没有达成协议，则是协调活动的失败。谈判的整个过程，就是提出问题和要求，进行协商，又出现矛盾，再进一步协商的过程。这个过程可能会重复多次，直至谈判结束。

（5）谈判应选择恰当的时间和地点。

谈判时间和谈判地点一般由谈判双方根据实际需要协商确定。谈判的参与者都十分重视选择恰当的时间和地点。在世界比较著名的谈判事例中，很多谈判活动精心选择谈判的时间和地点，确定谈判的相关人员。

2. 谈判的类型

按照不同的标准，谈判可划分成不同的类型。

（1）按参与方的数量划分。

按照参与方的数量不同，谈判可分为双方谈判和多方谈判。

双方谈判，是指谈判只有两个当事方参与。例如，一个供方和一个需方参与的交易谈判，或者只有两个当事方参与的合资谈判均为双方谈判。在国家或地区之间进行的双方谈判，也称双边谈判。

多方谈判，是指有三个及三个以上的当事方参与的谈判。在国家或地区之间进行的多方谈判，也称多边谈判。

（2）按谈判主体划分。

按照谈判主体的不同，谈判可分为单人谈判、小组谈判和大型谈判。

单人谈判是指各方出席谈判的人员只有一人，也称“一对一”的谈判。规模大的谈判，有时根据需要也在首席代表之间，安排“一对一”的单人谈判，以磋商某些关键或棘手问题。单人谈判是独立作战，对谈判人员要求较高。

小组谈判中谈判各方均有几个人（一般为 4~12 人）同时参加谈判，各人之间分工协作、取长补短、各尽所能，可以大大缩短谈判时间，并提高谈判效率。

大型谈判一般指各方参与人数超过12人的谈判。谈判项目内容以及涉及的谈判背景等均较为复杂，谈判持续的时间也相对较长。

（3）按谈判所在地划分。

按照谈判所在地划分，谈判可分为主场谈判、客场谈判和中立地谈判。

主场谈判是指在自己一方所在地、由自己一方做主人所进行的谈判。

客场谈判是指在谈判对手所在地进行的谈判。

中立地谈判是指在谈判双方（或各方）以外的地点进行的谈判。

（4）按谈判的内容性质划分。

按照谈判的内容性质划分，谈判可分为经济谈判和非经济谈判。

经济谈判是指以某种经济利益关系为谈判议题、内容和目标的谈判。经济谈判是现代社会最普遍的谈判类型，它囊括和涉及了现代社会各种不同利益主体之间的经济利益关系。经济谈判中的主要形式为商务谈判。

非经济谈判是指以非直接的经济利益关系为谈判议题、内容和目标的谈判。

（5）按谈判态度和方法划分。

按照谈判的态度和方法划分，谈判可分为软式谈判、硬式谈判和原则性谈判。

软式谈判，也称关系型谈判或让步型谈判。这种谈判不把对方当成对手，而是当作朋友，是要建立和维持良好的关系。

硬式谈判，也称立场型谈判。这种谈判，视对方为劲敌，强调谈判立场的坚定性，认为谈判是一场意志力的竞赛，只有按照己方的立场达成的协议才是谈判的胜利。

原则式谈判，也称价值型谈判，最早由美国哈佛大学谈判研究中心提出，又称为哈佛谈判术。在原则式谈判中，双方将对方作为与自己并肩合作的同事对待，而不是作为敌人来对待，注意与对方的人际关系。它建议要求谈判的双方能尊重对方的基本需要，并寻求双方利益上的共同点，设想各种使双方各有所获的方案。当双方的利益发生冲突时，坚持根据公平的标准来作决定，而不是通过双方意志力的比赛一决胜负。

3. 谈判的原则

谈判的原则是指谈判中谈判各方应当遵循的指导思想和基本准则。

谈判都依存于特定的环境和条件，并服从于谈判者对特定目标的追求。任何一项谈判又都是谈判双方共同解决问题，满足各自需要的过程，不同的谈判对谈判者的行为又有着共同的要求。因此，无论人们参与什么样的谈判，都必须遵循某些共同的准则。

（1）平等原则。

平等原则是指无论谈判各方的经济实力强弱，组织规模大小，都应该坚持地位平等、自愿合作、平等协商、公平交易。无论实力大小，双方地位都是平等的。

平等原则是谈判的基础。谈判各方必须充分认识相互平等的权利和地位，自觉贯彻平等原则。平等互利反映了谈判的内在要求，是谈判者必须遵循的一项基本原则。谈判是涉及谈判双方的行为，这一行为是由谈判双方共同推动的，谈判的结果不取决于某一方的主观意愿，而是取决于谈判双方的共同要求。

贯彻平等原则，要求谈判各方互相尊重，以礼相待，任何一方都不能以强凌弱，把自己的意志强加于人。只有坚持这种平等原则，谈判才能在互信合作的气氛中顺利进行，才能达到互助互惠的谈判目标。

（2）互利原则。

互利原则是指谈判达成的协议对各方而言都是有利的。坚持互利就要重视合作，没有合作，互利就不能实现。谈判各方只有在追求自身利益的同时，也尊重对方的利益追求，立足于互补合作，才能互谅互让，争取互惠双赢，实现各自的利益目标，获得最终谈判的成功。

满足需求的条件下互通有无，经济利益互惠互利，不等于利益均等。谈判所取得的结果应该对双方都有利，互惠互利是谈判取得成功的重要保证，但这并不是说双方从谈判中获取的利益必须是等量的，互利并不意味着利益的相等。在谈判过程中，任何一方都有权要求对方作出某些让步，同时，任何一方又都必须对他方所提出的要求作出相应的反应。让步对于确立双方利益而言是必需的，但让步的幅度在不同的谈判上又可以是不相等的。

在实践中，谈判的结果有四种可能，即你赢我输，你输我赢，你输我输（双输），你赢我赢（双赢）。前两种结果实际上是一方侵占了另一方的利益，第三种结果说明双方由于相互争夺，导致都受损失；第四种结果表明双方达到了互利互惠，这也是谈判中双方应当争取的最佳结果。

（3）合法原则。

合法原则是指谈判必须遵守国家的法律和政策要求。

谈判的合法原则，具体体现在以下三个方面：一是谈判主体合法，即谈判参与的各方组织及其谈判人员具有合法的资格；二是谈判议题合法，即谈判所要磋商的交易项目具有合法性，对于法律不允许的行为，如买卖毒品、贩卖人口、走私货物等，其谈判显然是违法的；三是谈判手段合法，即应通过公开、公平、公正的手段达到谈判目的，而不能采用一些不正当的，如行贿受贿、暴力威胁等手段，来达到谈判的目的。

谈判中只有遵守合法原则，谈判及其协议才具有法律效力，当事人各方的权益才能受到法律的保护。

（4）诚信原则。

诚信是指诚实不欺，讲求信用。谈判各方严格遵守谈判所达成的协议，信守诺言。在不损害他人利益和社会利益的前提下追求自己的利益。

任何谈判，没有诚心，言而无信，朝令夕改，势必失信于人，破坏双方的合作，谈判也必将失败。进行谈判，诚实守信至关重要，这也是参加谈判的一项重要原则，也是谈判成功的法宝之一。

（5）求同原则。

求同原则是指在谈判中面对利益分歧，从大局着眼，努力寻求共同利益。

求同原则，要求谈判者善于从大局出发，要着眼于自身发展的整体利益和长远利益的大局，着眼于长期合作的大局；善于运用灵活机动的谈判策略，通过妥协寻求协调利益和解决冲突的办法，构建和增进共同利益；善于求同存异，不仅应当求大同存小异，也可以为了求大同而存大异。

（6）人事分离原则。

由于谈判所涉及的是有关双方利益的事物，如货物与服务的价格、成本等，而不是谈判者，参加谈判的人只是事物的载体，谈判桌上发生冲突的是事物。所以，对事应是强硬的，当仁不让，坚持原则；而对人则应是友好的、温和的，关系融洽。

在谈判过程中，当双方互不了解，出现争执以及因人论事时，想解决问题达成协议是极其困难的。将谈判个人的因素与谈判所涉及的目标分离开，是谈判获得成功的重要方法之一。

4. 采购谈判

采购谈判是指企业作为需方，为采购资源（商品、工程、技术、服务等）与供方（供应商）对供需业务的相关事项，对所需资源的条件（如品种、价格、技术标准、质量、数量、包装、售后服务、交货、运输、付款等），进行反复磋商，谋求达成协议，建立双方满意的供需关系。

采购谈判的目的，一是希望获得供应商质优价廉的资源；二是希望供应商提供更好的服务；三是在出现差错、事故或损失时，希望获得合适的赔偿；四是发生纠纷时能够妥善解决，不影响双方的关系。

采购谈判是为了最终获取所需资源，保障所需资源及时持续的外部供应，是一个供需双方通过不断调整各自的需要和利益而相互接近，最终争取在某些方面达成共识的过程。有效的采购谈判，可以降低采购成本，保证资源质量，保证采购资源及时送货，获得比较优惠的服务项目，降低采购风险，妥善处理纠纷，维护双方的效益。

采购谈判既是一门科学，又是一门艺术。掌握谈判的基本知识和一些常用的策略技巧，可以让谈判者有效地驾驭谈判的全过程，为己方赢得最大的利益。

二、采购谈判的程序

1. 采购谈判的准备

任何一项成功的谈判都是建立在良好的准备工作的基础上的。如果没有谈判前充分、细致、全面的准备工作，也不会有谈判的顺利进行。

（1）谈判信息的收集。

在谈判准备阶段，谈判者首先要考虑的问题就是进行谈判的目的以及通过谈判要实现的目标。

为了顺利完成所设定的谈判目标，应在制订谈判方案前对资源相关信息进行充分细致的调查研究。

一方面，谈判团队应对所需采购的资源进行需求分析，这就需要弄清楚需要什么资源、需求数量、需求价格、需求时间等，最好能够详细列出所需资源的需求分析清单；还应对所采购资源的市场状况进行调查，调查的内容包括资源供需情况、资源销售情况、资源竞争情况和资源分销渠道。

另一方面，谈判团队还应尽可能全面地收集对方情报。这些情报包括潜在供应商资信情况、对方的谈判作风和特点。这些情报为制定己方的谈判目标、方案和策略提供了重要的依据。

（2）谈判目标的确定。

目标是人们行动预期达到的成果或结果，也是考核或检查人们行动效率的标准。

谈判目标就是检验谈判效率和成果的依据和标准，也是谈判思想、方针、策略的具体化和数量化。目标制定的正确与否，以及能否达到目标，意味着谈判活动的成败与效率的高低，因而正确地制定与实现谈判目标，对于整个谈判具有决定性的意义。

谈判目标的确定极为重要，它关系到企业总体目标的实现，又决定了在谈判中每一阶段具体目标的制定，以及在谈判中所采取的策略。因此，在制定谈判目标时需要十分慎重，要在综合多方信息、资料的基础上，反复研究确定。

综合考虑谈判可能出现的结果，并制定相应的目标，即谈判的最优期望目标、可接受目标和最低限度目标。最优期望目标，是指对目标制定一方来说最为理想的谈判目标，它在满足目标制定者的基本利益之外，加上一个增加值。可接受目标是谈判人员根据各种客观因素，经过科学论证、预测、决策后所确定的谈判目标，是目标制定方最基本、最主要的利益所在。最低限度目标是制定目标一方要撤退的最后防线，是指谈判一方在谈判协议中所要实现的最低限度的要求。

采购双方在开始谈判前应明确所有谈判变量，针对每一个谈判变量设定一个可以接受的区域，即给每个谈判变量设定一个最高限、最低限和最可能接受的目标。

假设谈判变量为价格，供方对于它的产品有一个目标价格。在需方能接受的情况下，供方愿意接受一个相对较高的售价，相应地供方也会有一个其最低能接受的价格，低于这一价格，供方不会卖出产品，这也就是需方的底线。需方同样也有相同的价格接受区域。

如果需方和供方的价格接受区域有重合，买卖才能成交，示例如图 3-8 所示。

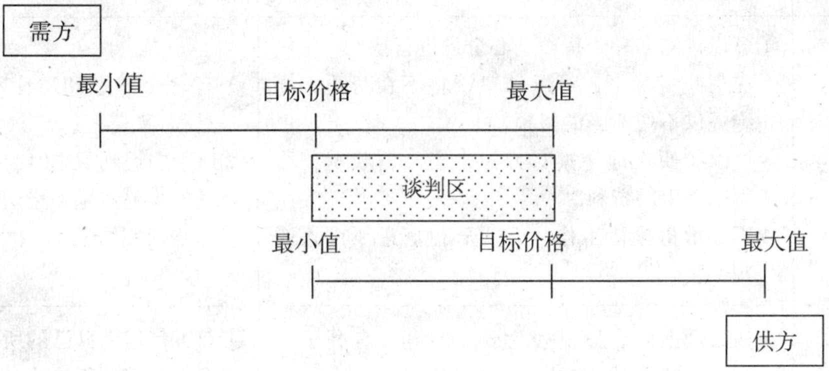

图 3-8　价格接受区域有重合的谈判区

如果需方和供方的价格接受区域没有重合，买卖则很难成交，示例如图 3-9 所示。

谈判区域意味着谈判过程的核心。

（3）谈判地点的选择。

谈判地点的选择无外乎三种情况：主场、客场和中立地。

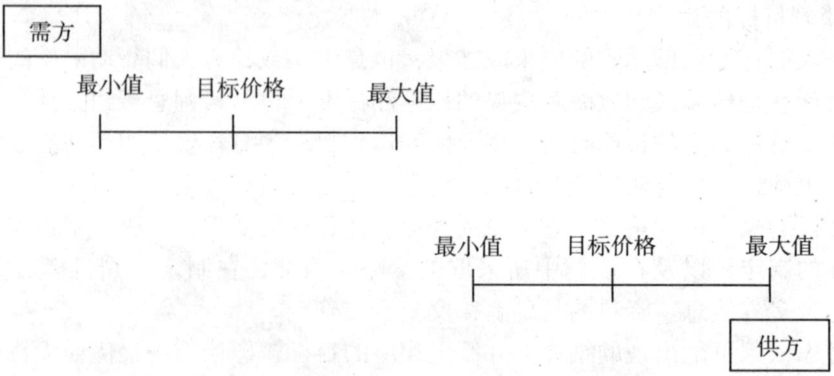

图 3-9　价格接受区域没有重合的谈判区

三种地点选择各有利有弊，如表 3-8 所示。

表 3-8　　采购谈判地点的特点

谈判地点	优　点	缺　点
主场谈判	①避免因环境生疏带来的心理上的障碍 ②借“天时、地利、人和”的有利条件，向对方展开攻势，获取让步 ③可以处理谈判以外的其他事情 ④便于谈判人员请示、汇报和沟通联系 ⑤节省旅途时间和费用	①需要承担繁琐的接待工作 ②容易受到领导的制约，难以独立进行谈判
客场谈判	①可以排除多种干扰，全心全意进行谈判 ②在某些情况下，可以借口资料不在身边，拒绝提供不便泄露的情报 ③可以顺便实地考察对方的生产经营状况，取得第一手的资料 ④不必承担接待工作，可以全心全意地投入谈判中去	①有一个熟悉和适应对方环境的过程 ②谈判中遇到困难时，难以调整自己，容易产生不稳定情绪，进而影响谈判结果
中立地谈判	①在心理上都会感到较为公平合理，有利于缓和双方的关系 ②免受外界干扰，保密性强	①双方都远离自己的所在地，谈判准备上会有所欠缺 ②费用较高

谈判团队应充分评价谈判双方的实力对比，紧密结合己方整体战略部署和谈判目标，合理选择有利的谈判地点。

（4）谈判时间的安排。

对于谈判活动，时间的掌握和控制是很重要的。如谈判开始之前的准时到达，表示对谈判对方的礼貌，而无故失约，拖延时间，姗姗来迟等，这些产生的都是负效应，只有“准时”，才体现出谈判的诚意。

谈判时间的选择适当与否，对谈判效果影响很大。一般来说，应注意以下几种情况：

①避免在身心处于低潮时进行谈判。

②避免在一周休息日后的第一天早上进行谈判，因为这个时候人们在心理上可能仍未进入工作状态。

③避免在连续紧张工作后进行谈判，这时人们的思绪比较零乱。

④避免在身体不适时进行谈判。因为身体不适，很难专心致力于谈判之中。

⑤避免在人体一天中最疲劳的时间进行谈判。

⑥在贸易谈判中，如果是供方谈判者，应主动避开需方市场；如果是需方谈判者，则要尽量避开供方市场，因为这两种情况都难以进行平等互利的谈判，不要在最急需某种商品或急于出售产品时进行谈判，要有一个适当的提前空间，做到“凡事预则立”。

⑦注意时间因素的重要性，选择对自己最有利的时机。

（5）谈判人员的挑选。

采购谈判能否取得预期的效果，取决于谈判人员能否审时度势、正确合理地运用谈判策略。采购谈判人员的选择就是指在对谈判对手情况以及谈判环境因素进行充分分析研究的基础上，根据谈判的内容、难易程度选择谈判人员，组织高效精悍的谈判队伍。

为了保证谈判达到预期的目标，提高谈判的成功率，可依据以下原则来选择不同的人员组成队伍。

①谈判人数的确定。

人员数量应根据谈判具体情况选择确定。

小型谈判，谈判人员可由 2~3 人组成，有时甚至由一人全权负责。内容较为复杂且较重要的大型谈判，配备的人员数要比小型谈判多得多。

一般可以遵循“对等原则”，即己方谈判团队的整体实力与对方谈判团队的整体实力相同或对等。己方的人数与级别应与对方大致相同，不要单独与一群供应商的人员谈判，这样极为不利。

②谈判人员的选择。

谈判人员应具有良好的自控与应变能力、观察与思考能力、迅速反应的能力、敏锐的洞察力，甚至有时是经过多次采购谈判而于无形之中形成的直觉。此外，还应具有平和的心态、沉稳的心理素质以及大方的言谈举止。

谈判小组中，除配备一名具有丰富的谈判实践经验和高明的组织协调能力的组长之外，还需要财务、法律、技术等各个方面的专家。在个人性格和谈判风格上，小组成员应该由进攻型和防御型两类人员优势互补，以使谈判能够取得最佳效果。

（6）相关细节的安排。

①谈判设施的配置与完善。

谈判地点的设施配备应能保证谈判活动的有效进行，谈判各方之间信息交流充分，上下反馈及时。

②谈判房间的布置。

一般来讲，大型、重要的谈判，谈判桌可选择长方形的，双方代表各居一面。

如果谈判规模较小或双方人员比较熟悉，可以选择圆形谈判桌。双方团团坐定，会形成一个双方关系融洽、共同合作的印象，而且便于彼此交谈，使气氛和谐。

③组织模拟谈判。

为了提高谈判工作的效率，使谈判方案、计划等各项准备工作更加周密和有针对性，在谈判准备工作基本完成以后，应对此项工作进行检查确认。行之有效的方法之一就是进行模拟谈判。

有效的模拟谈判可以预先暴露谈判方案的不足之处和薄弱环节，检验谈判人员的总体素质，提高谈判人员的应变能力，达到减少失误，实现谈判目标的目的。

2. 采购谈判的实施

（1）开局阶段。

开局阶段是谈判双方人员见面入座开始洽谈，到话题进入实质内容之前的阶段。通过这种陈述，双方对于能否满足对方的需要，各自的利益、条件和目标有了一定程度的了解，并做到心中有数。

这一阶段，要注意营造良好的谈判气氛，并为正式谈判做好预备工作。双方应对本次谈判的议题、议程、进度和期限等进行交谈，以谋求谈判双方对谈判进程的意见一致。

（2）询价阶段。

采购谈判的双方在结束了非实质性交谈之后，就要将话题转入有关交易内容的正题，即开始进行报价。这一阶段不仅仅包括双方在谈判中提出的交易条件，而且还包括采购谈判的一方向对方提出的己方的所有要求。

（3）磋商阶段。

采购谈判的磋商阶段是指报价阶段结束之后到缔结协议之前，谈判各方就实质性事项进行磋商的全过程，是谈判的关键阶段，也是最困难、最紧张的阶段。这一阶段也称为讨价还价阶段，一般包括磋商前的运筹、研究对手、讨价还价等内容。

（4）成交阶段。

经过磋商之后，双方的分歧得到了解决，就进入了成交阶段。在这一阶段，谈判人员将意见一致的方面进行归纳总结，并办理成交的手续或起草成交协议文件。

3. 采购谈判的检查确认

（1）检查成交协议文本。

这一阶段，应对协议文件文本进行详细的检查，尤其是对关键的词、句和数字进行仔细核对检查。一般应该采用统一的经过公司法律顾问审定的标准格式文本。

（2）签字认可。

经过检查审核之后，由谈判小组组长或授权委托人进行签字并加盖公章，予以认可。

三、采购谈判的策略与技巧

在谈判中，为了使谈判技巧能够顺利进行和取得成功，谈判者应善于灵活运用一些谈判策略和技巧。谈判策略是指谈判人员通过何种方法达到预期的谈判目标，而谈判技巧是指谈判人员采用怎样的具体行动执行策略。

1. 采购谈判的策略

谈判策略是指谈判人员为取得预期成果而采取的一些措施，它是各种谈判方式的具体运用。任何一项成功的谈判都是灵活巧妙运用谈判策略的结果，一个优秀的谈判人员必须谙熟各种谈判策略与技巧，学会在各种情况下，运用谈判策略达到自己的目标。

（1）开局策略。

开局策略是谈判者谋求谈判开局有利形势和实现对谈判开局的控制而采取的行动方式或手段，其目的就是为了营造适当的谈判气氛。

①协商式开局策略。

协商式开局策略是指以协商、肯定的语言进行陈述，使对方对己方产生好感，创造双方对谈判的理解具有一致性的感觉，从而使谈判双方在友好愉快的气氛中展开谈判工作。

协商式开局策略比较适用于谈判双方实力比较接近，双方过去没有商务往来的经历。第一次接触，都希望有一个好的开端。要多用礼节性语言、中性话题，使双方在平等合作的气氛中开局。

②开放式开局策略。

开放式开局策略是指以开诚布公的方式向谈判对手陈述自己的观点或意愿，尽快打开谈判局面。

开放式开局策略比较适合双方过去有过商务往来，而且关系很好，互相比较了解，可以将这种友好关系作为谈判的基础。在陈述中可以真诚、热情地畅谈双方过去的友好合作关系，适当地称赞对方在商务往来中的良好信誉。由于双方关系比较密切，可以省去一些礼节性的外交辞令，坦率地陈述己方的观点以及对对方的期望，使对方产生信任感。

③慎重式开局策略。

慎重式开局策略是指以严谨、凝重的语言进行陈述，表达出对谈判的高度重视和鲜明的态度，目的在于使对方放弃某些不适当的意图，以达到把握谈判的目的。

慎重式开局策略适用于谈判双方过去有过业务往来，但对方曾有过不太令人满意的表现，因此要通过严谨、慎重的态度，引起对方对某些问题的重视。

④进攻式开局策略。

进攻式开局策略是指通过语言或行为来表达己方强硬的姿态，从而获得谈判对手必要的尊重，并借之制造心理优势，使谈判顺利进行下去。

进攻式策略的运用必须注意有理、有利、有节，不能使谈判一开始就陷入僵局。要切中问题要害，对事不对人，既表现出己方的自尊、自信和认真的态度，又不能过于咄咄逼人，使谈判气氛过于紧张，一旦问题表达清楚，对方也有所改观，就应及时调节一下气氛，使双方重新建立起一种友好、轻松的谈判气氛。

（2）询价阶段的策略。

谈判双方在结束了非实质性交谈之后，就要将话题转向有关交易内容的正题，即开始报价。询价不仅是指采购资源在价格方面的要求，而且是包括价格在内的关于整个交易的各项条件（包括资源的数量、质量、包装、价格、装运、保险、支付、商检、索赔、仲裁等）。

①除法报价策略。

除法报价策略是一种价格分解术，以商品的数量或使用时间等概念为除数，以商品总价为被除数，得出数字很小的价格，使买主对本来不低的价格产生一种便宜、低廉的感觉。

②加法报价策略。

加法报价策略是指在采购谈判中，有时怕报高价会吓跑客户，就把价格分解成若干层次渐进提出，使若干次的报价最后加起来仍等于当初想一次性报出的总价。

③差别报价策略。

差别报价策略是指在谈判中针对客户性质、购买数量、交易时间、支付方式等方面的不同，采取不同的报价策略。

④对比报价策略。

对比报价策略是指向对方抛出有利于己方的多个商家同类商品交易的报价单，设立一个价格参照系，然后将所交易的商品与这些商家的同类商品在性能、质量、服务、其他交易条件等方面作出有利于己方的比较，并以此作为己方要价的依据。

在价格谈判中，使用对比策略往往可以增强报价的可信度和说服力，一般有很好的效果。

⑤数字陷阱策略。

数字陷阱策略是指供方抛出自己制作的商品成本构成计算表（其项目繁多，计算复杂）给需方，用以支持己方总要价的合理性。此策略一般是在商品交易内容多，成本构成复杂，成本计算方法无统一标准，或是对方攻势太盛的情形下使用。

（3）磋商阶段的策略。

磋商阶段是谈判的核心环节，也是最困难最紧张的阶段。磋商的过程及其结果直接关系到谈判双方所获利益的大小，决定双方各自需要的满足程度。因而，选择恰当的策略来规划这一阶段的谈判行为，无疑有着尤其重要的意义。

磋商既是双方求同存异、合作、谅解、让步的过程，也是双方斗智斗勇，在谈判实力、经验和智力等诸多方面展开具体较量的过程，谈判策略和技巧的作用在磋商阶段得到了充分的体现。

①优势条件下的谈判策略。

第一，不开先例策略。

不开先例策略，是指在谈判中占有优势的当事人一方为了坚持和实现自己所提出的交易条件，以没有先例为由来拒绝让步促使对方就范并接受自己条件的一种强硬策略。

在谈判中，当双方产生争执时，拒绝是谈判人员不愿采用的。因此，人们都十分重视研究怎样回绝对方而又不伤他人的面子和感情，不开先例就是一个两全其美的好办法。

第二，先苦后甜策略。

先苦后甜策略，是指在谈判中先用苛刻的条件使对方产生疑虑、压抑等心态，以大幅度降低对手的期望值，然后在实际谈判中逐步给予优惠或让步，使对方的心理得到满足而达成一致的策略。

第三，价格陷阱策略。

价格陷阱策略，是指谈判中的一方利用市场价格预期上涨的趋势以及人们对之普遍担心的心理，把谈判对手的注意力吸引到价格问题上来，使其忽略对其他重要条款讨价还价的一种策略。

这一策略是在价格虽看涨，但距离真正上涨还需要较长时间的情况下运用的。

第四，最后通牒策略。

大多数的商务谈判，特别是那种双方争执不下的谈判，基本上是到了谈判的最后期限或是临近这个期限才达成协议的，因为在期限到来时，人们迫于这种期限的压力，会迫不得已地改变自己原先的主张，以尽快求得问题的解决。

规定最后期限，也可以有效地督促双方的谈判人员振奋精神，集中精力。随着期限的迫近，双方会感到达成协议的时间很紧，一改平时的拖沓和漫不经心的态度，努力从合作的角度出发，争取问题的解决。

掌握好提出最后期限的时机，否则会使谈判发展于己方不利，而提出最后期限又反悔，则是最丢失信誉的做法。

第五，声东击西策略。

从军事角度来讲，声东击西是指当敌我双方对阵时，己方为更有效地打击敌人，造成一种从某一面进攻的假象，借以迷惑对方，然后攻击其另一面。这种策略同样适用于谈判。

在谈判中，一方出于某种需要而有意识地将会谈的议题引到对己方并不重要的问题上，借以分散对方的注意力，达到己方的目的。实际的谈判结果也证明，只有更好地隐藏真正的利益需要，才能更好地实现谈判目标，尤其是在不能完全信任对方的情况下。

第六，先声夺人策略。

先声夺人策略是指在谈判开局中借助己方的优势和特点，以求掌握主动权的一种策略。它的特点是在谈判前设法给对手以巨大压力，以求在心理上抢占优势。

②劣势条件下的谈判策略。

第一，吹毛求疵策略。

吹毛求疵策略是指在谈判中针对对方提供的资源质量或相关问题，再三故意挑剔毛病使对方的信心降低，从而作出让步的策略。

该策略使用的关键点在于提出的挑剔问题应恰到好处，把握分寸，对提出的问题和要求不能过于苛刻。如果把针眼般大的毛病说成比鸡蛋还大，很容易引起对方的反感，认为你没有合作的诚意。此外，提出的问题一定是对方商品中确实存在的，而不能无中生有。

如果能够灵活运用，吹毛求疵策略在交易时能充分地争取到讨价还价的余地。

第二，以柔克刚策略。

以柔克刚策略是指在谈判出现危难局面或对方坚持不让步时，采取“软”的手法来迎接对方“硬”的态度，避免冲突，从而达到制胜目的的一种策略。在谈判中处于不利局面或弱势时，最好的策略是避开对方的锋芒，以柔克刚。

第三，难得糊涂策略。

难得糊涂策略作为一种处理弱势条件下的防御性策略，是指在出现对谈判不利的局面时，故作糊涂，并以此为掩护来麻痹对方的斗志，以达到蒙混过关的目的的策略。

假装糊涂策略可以化解对手的步步紧逼，绕开对己方不利的条款，而把谈判话题引到有利于己方的交易条件上。

第四，疲惫策略。

疲惫策略是指通过马拉松式的谈判，逐渐消磨对手的锐气，使其疲惫，以扭转己方在谈判中的不利地位和被动的局面，到了对手精疲力竭、头昏脑涨之时，则可反守为攻，抱着以理服人的态度，摆出己方的观点，从而促使对方接受己方提出条件的一种策略。

采用疲惫策略，要求谈判者事先要有足够的思想准备，保持旺盛的精力。

第五，有限权力策略。

有限权力策略是指在谈判中，实力较弱一方的谈判者被要求向对方作出某些条件过高的让步时，宣称在这个问题上授权有限，无权向对方作出这样的让步，或无法更改既定的事实，以使对方放弃所坚持的条件的策略。

第六，反客为主策略。

反客为主策略是指谈判中处于劣势的一方，运用能让对方为谈判付出更大的代价的方法，从而变被动为主动，达到转劣势为优势的目的的策略。

反客为主策略运用了在谈判中“谁付出的代价大，谁就不想谈判失败”的原理，使占有谈判优势的一方在人力、物力、时间等方面消耗更大，进而确立自己的主动地位。

③均势条件下的谈判策略。

第一，投石问路策略。

投石问路策略，即在谈判过程中，谈判者有意提出一些假设条件，通过对方的反应和回答来琢磨和探测对方的意向，抓住有利时机达成交易的策略。其目的是弄清对方的虚实，尽可能得到一些通常不易获得的资料，从而为谈判作出最佳的选择。

此策略一般是在市场价格行情不稳定，无把握，或是对对方不大了解的情形下使用。

第二，欲擒故纵策略。

欲擒故纵策略是指在谈判中的一方虽然想做成某笔交易，却装出满不在乎的样子，将自己的急切心情掩盖起来，表现出似乎只是为了满足对方的需求而来谈判，使对方急于谈判，主动让步，从而实现先“纵”后“擒”的目的的策略。欲擒故纵策略是基于“谁对谈判急于求成，谁就会在谈判中先让步”的原理，通过煽动对方的谈判需要而淡漠己方的谈判需要，使对方急于谈判，主动让步。

第三，大智若愚策略。

大智若愚策略是指谈判的一方故意装出糊里糊涂、惊慌失措、犹豫不决、反应迟钝，以此来松懈对方的意志，达到后发制人的目的的策略。

在回答对方的问题之前，要使自己获得充分的思考时间。为了争取充分的时间，可以让对方重复所提出的问题，或推托要请示领导，自己不能决定，或让自己的助手做一些无关紧要、非实质性的答复，或顾左右而言他。

第四，走马换将策略。

走马换将策略是指在谈判桌上的一方遇到关键性问题或与对方有无法解决的分歧时，借口自己不能决定或其他理由，转由他人再进行谈判的策略。

通过更换谈判主体，侦查对手的虚实，耗费对手的精力，削弱对手的议价能力；给自己留有回旋的余地，进退有序，从而掌握谈判的主动权。作为谈判的对方需要不断向使用走马换将策略的这一方陈述情况，阐明观点，面对更换的新的谈判对手，需要重新开始谈判。这样会付出加倍的精力、体力和投资，时间一长，难免出现漏洞和差错。这正是运用走马换将策略一方所期望的。

第五，浑水摸鱼策略。

浑水摸鱼策略是指在谈判中，故意搅乱正常的谈判秩序，将许多问题一股脑儿地摊到桌面上，使人难以应付，借以达到使对方慌乱失误的目的的策略。这也是在谈判中比较流行的一种策略。

第六，红白脸策略。

红白脸策略是指在谈判过程中，利用谈判者既想与你合作，但又不愿与有恶感的对方人员打交道的心理，让两个人分别扮演“红脸”和“白脸”的角色，诱导谈判对手妥协的一种策略。这里的“白脸”是强硬派，在谈判中态度坚决，寸步不让，咄咄逼人，几乎没有商量的余地。这里的“红脸”是温和派，在谈判中态度温和，拿“白脸”当武器来压对方，与“白脸”积极配合，尽力撮合双方合作，以达成对己方有利的协议。

第七，避免争论策略。

谈判中出现分歧是很正常的事。出现分歧时应始终保持冷静，防止感情冲动，尽可能地避免争论。

冷静地倾听对方的意见：让对方陈述完毕之后，先表示同意对方的意见，承认自己在某些方面的疏忽，然后提出对对方的意见进行重新讨论。这样，在重新讨论时，双方就会心平气和地进行，从而使谈判达成双方都比较满意的结果。

婉转地提出不同的意见：不应直截了当地提出自己的否定意见，这样会使对方在心理上产生抵触情绪，反而迫使对方千方百计地维护自己的意见；而应先同意对方的意见，然后再作探索性的提议。

分歧产生之后谈判无法进行下去，应立即休会：休会是谈判人员比较熟悉并经常使用的基本策略，是指在谈判进行到某一阶段或遇到某种障碍时，谈判双方或一方提出中断会议，休息一会儿的要求，以使谈判双方人员有机会恢复体力、精力和调整对策，推动谈判的顺利进行。如果某个问题成了彼此继续谈判的绊脚石，使谈判无法再顺利进行，应在双方对立起来之前就及时地休会，从而避免引起更进一步的僵持和争论。

第八，情感沟通策略。

在谈判过程中，双方人员都有比较充裕的时间进行休整，包括休息、就餐和娱乐等。如果谈判人员能充分重视这些“业余时间”，有意识、有目的地与谈判对手充分沟通，不仅可以增加双方友谊，融洽双方关系，而且还会得到谈判桌上难以得到的东西，从而增进了解，联系感情，建立友谊，从侧面促进谈判的顺利进行。

双方关系越熟悉，合作的时间越久，运用情感沟通策略的效果越好。如果双方之间的友情已远远超过了公司之间的关系的话，那么私下接触甚至比正式谈判还要重要。

④策略运用小结。

从谈判控制的角度，巧妙地进行谈判情景的选择和运用，以期取得谈判的主动权，进而获得最优结局，这是谈判者们共同关心的问题。它与谈判者的言语表达及交流有直接联系，共同对谈判现场发生着作用，是谈判双方能否获得双赢的重要的情感基石。

2. 采购谈判的技巧

（1）入题技巧。

①迂回入题。

为避免谈判时单刀直入，过于突兀，影响谈判的融洽气氛，谈判时可以采用迂回入题的方法。比如可先从题外话入题，从介绍己方谈判人员入题，从“自谦”入题，或者从介绍本企业的生产、经营、财务状况入题等。

②先谈细节，后谈原则性问题。

围绕谈判的主题，先从洽谈细节问题入题，条分缕析，丝丝入扣，待各项细节问题谈妥之后，也便自然而然地达成了原则性的协议。

③先谈一般原则，再谈细节。

一些大型的采购谈判，由于需要洽谈的问题千头万绪，双方高级谈判人员不应该也不可能介入全部谈判，往往要分成若干等级进行多次谈判。这就需要采取先谈原则问题，再谈细节问题的方法入题。一旦双方就原则问题达成了一致，那么，洽谈细节问题也就有了依据。

④从具体议题入手。

大型谈判总是由具体的一次次谈判组成，在具体的每一次谈判中，双方可以首先确定本次会议的谈判议题，然后从这一议题入手进行洽谈。

（2）阐述技巧。

①开场阐述。

谈判开始时，己方应开宗明义，明确本次会谈所要解决的议题以集中双方的注意力，统一双方的认识。明确表明己方的基本立场和通过洽谈应得到的利益，尤其是对己方至关重要的利益。可以回顾双方以前的合作成果，说明己方在对方所享有的信誉，也可以展望或预测今后合作中可能出现的机遇或障碍，还可以表示己方可采取何种方式共同获得利益等。

开场阐述应是原则的，而不是具体的，应尽可能简明扼要。开场阐述的目的是让对方明白己方的意图，创造协调的洽谈气氛，因此，阐述应以诚挚和轻松的方式来表达。

另外，己方应认真耐心地倾听对方的开场阐述，归纳明白对方开场阐述的内容，思考和理解对方的关键问题，以免产生误会。如果对方开场阐述的内容与己方意见差距较大，不要打断对方的阐述，更不要立即与对方争执，而应当先让对方说完，认同对方之后再巧妙转移话题，从侧面进行谈判。

②让对方先谈。

在谈判中，当己方对市场态势和相关资源的新情况不太了解，或者当己方尚未确定购买何种资源，或者无权直接决定购买与否的时候，一定要坚持让对方先说明可提供资源类型、资源的性能、价格等，再审慎地表达意见。有时即使对市场态势和资源定价比较了解，也有明确的购买意图，而且能直接决定购买与否，也不妨先让对方阐述利益要求、报价和产品介绍，然后在此基础上提出己方的要求。

③坦诚相见。

谈判中应当提倡坦诚相见，不但将对方想知道的情况坦诚相告，而且可以适当透露己方的某些动机和想法。

坦诚相见是获得对方同情的好办法，人们往往对坦诚的人有好感。但是应当注意，与对方坦诚相见，难免要冒风险。对方可能利用你的坦诚逼你让步，你可能因为坦诚而处于被动地位，因此，坦诚相见是有限度的，并不是将一切和盘托出。总之，以既赢得对方的信赖，又不使自己陷于被动，丧失利益为度。

(3) 提问技巧。

在谈判中，可以运用提问的方式巧妙地摸清对方的真实需要，掌握对方的心理状态以及表达自己的观点意见。

①提问方式。

谈判中提问的方式有多种，常用的提问方式包括封闭式提问、开放式提问、婉转式提问、澄清式提问、探索式提问、借助式提问、挑剔式提问、强迫选择式提问、引导式提问、协商式提问等。

②提问时机。

交谈中出现某一问题时，应该等对方充分表达之后再提问，过早或过晚提问都会打断对方的思路，而且显得不礼貌，也会影响对方回答问题的兴趣。

提问时机可以选择在对方发言完毕时、对方发言停顿间歇时、自己发言前后以及议程规定的辩论时间内。

③其他注意事项。

提问时应注意提问速度，注意对方心境，提问后应给予对方足够的答复时间，提问时还需尽量保持问题的连续性。

(4) 答复技巧。

答复不是容易的事，回答的每一句话都会被对方理解为一种承诺，都负有责任。

在答复之前，要深思熟虑，充分思考，这样才能使答复恳切明确，有利于确定互利互惠的合作关系。如果对方提出的问题是自己始料不及的，千万不要随口答复。可以用“记不清”、“资料不全”或“这个问题我们尚未进行认真的思考”等为由，拖延答复，使自己获得一个充分的思考时间或内部商量的机会。

对于有些问题，不能回答或不便于回答时不可勉强作答，要采取回避方法。如果能用一个幽默的方式回避一下，则更有利于打破僵局。

(5) 语言技巧。

在谈判中，语言表达能力十分重要。叙事清晰、论点明确、证据充分的语言表达，能够有力地说服对方，取得相互之间的谅解，协调双方的目标和利益，保证谈判的成功。正如谈判专家所指出的，“谈判技巧的最大秘诀之一，就是善于将自己要说服对方的观点一点一滴地渗进对方的头脑中去”。

谈判就是协商合同条款，明确双方各自的责任和义务，不要使用模棱两可或概念模糊的语言。在个别时候，出于某种策略需要则另当别论。在谈判中，运用准确的语言还可以避免出现误会与不必要的纠纷，掌握谈判主动权。

在谈判中，维护面子与自尊是一个极其敏感而又重要的问题。如果一方感到失了面子，即使是最好的交易，也会留下不良后果。

讲话过程中的一些细节问题，如停顿、重点、强调、说话的速度等，往往容易被人们忽视，而这些方面都会在不同程度上影响说话的效果。根据对方是否能理解你的讲话以及对讲话重要性的理解程度，控制和调整说话的速度。在向对方介绍谈判要点或阐述主要议题时，说话的速度应适当减慢，要让对方听清楚，并能记下来，同时要密切注意对方的反应。

（6）倾听的技巧。

谈判是双方沟通和交流的活动，掌握信息是十分重要的。一方不仅要了解对方的目的和意图，还要掌握不断出现的新情况、新问题，因此，谈判的双方十分注意收集整理对方的情况，力争了解和掌握更多的信息。

倾听者一定要心胸开阔，全神贯注，集中注意力，要学会约束自己，控制自己的言行。

【案例分析】

一次不寻常的家具采购竞谈

2013 年 5 月，某县交警大队一栋全新的办公大楼落成。政府要求两个月之内完成搬迁工作。为此，该单位要对购于 20 世纪 90 年代的老旧家具进行置换，初步估算采购所需金额为 70 万元。由于所要采购的办公家具款式不明、材质繁杂、时间紧迫，经政府研究批准，该项目采购方式为竞争性谈判，由县采购办、纪委与采购人单位共同组织采购小组负责采购。

采购小组先用两天时间跑遍县城所有的家具店，搞了一次价格大摸底。随后，将原来估算的 70 万元预算压缩到了 65 万元左右。

但是，采购小组对采购仍然忧心忡忡。原来他们在市场调查中发现，该县符合条件的供应商就那么几家，招标的话，串标行为很容易发生。怎么才能杜绝串标行为的发生呢？此时，有人提出，是否可以去广州等家具生产集中地进行采购。这个大胆的设想很快就被采购小组采纳了。相较于本地家具店，广州的供应商多为生产商，且厂家数量多，厂家规模大，可以保证供应商之间的有效竞争。

5 月 4 日，采购小组一行到达广州，一落地便开始了市场考察。他们用了 4 天时间随机挑选了 8 家注册资金在 5000 万元以上的生产厂家，对市场情况进行了新一轮摸底。通过对各家产品的款式、材质、颜色等进行比较，竞争性谈判文件的框架基本确定了，6 家拟邀请供应商名单也被确定了下来。

在考察过程中，他们不仅了解了各个厂家的生产流程与产品特点，还知晓了各类家具的选材、加工中的门道。

为了防止这 6 家供应商相互勾结，哄抬价格，采购小组对竞争性谈判程序进行了创新。

第 1 轮谈判采取分别谈判的方式，即逐一通知各家供应商分别前来谈判，以确保他们难以知晓竞争对手。在第1轮谈判中，各家供应商带来了样品画册，提出了售后服务方案和首次报价，谈判小组通过这些信息基本确立竞谈文件和标底。

在第2轮谈判中，采购小组要求供应商进行背靠背报价。当日一大早，6家供应商代表很早就来到谈判现场。为防止相互打听报价，采购小组组织供应商集中在一个固定的区域，并有工作人员为其提供服务。谈判开始后，在背靠背的情况下，6位供应商代表分别提交了第1轮报价。

"谈判不限制报价次数，各家可以不限次数地进行报价，直到不愿意报价为止。"经过3轮报价之后，各家基本停止了报价。最终，广东某家具厂以42万元的报价成为成交供应商。

当这个远远低于预算价的成交价被公布出来后，采购小组的工作人员们欢呼了。

思考：

为什么预算70万元的采购项目最终能以42万元成交？分析在采购谈判过程中，哪些办法促成了这次采购的成功？

案例解析：

竞争性谈判对采购金额较大的家具项目是比较合适的。对市场的前期调研、分析，对竞争性谈判现场的把握、报价轮次的控制，都对采购结果起到的重要作用。

（案例来源：中国政府采购网。）

任务三　采购合同管理

☞知识目标

通过本任务的学习，了解采购合同的基本类型；熟悉采购合同的内容条款和订立程序；理解采购合同履行过程中的重要环节；掌握采购合同纠纷违约的处理方式。了解质量管理的发展历程；熟悉采购质量管理的流程控制；熟悉采购质量管理的检验方法和统计学方法；了解采购质量管理的发展方向。了解价值工程分析的基本原理及其在采购管理上的运用；熟悉供应商定价方法及其供应价格的分析方法；熟悉采购价格的构成；熟悉采购成本控制的方法。

☞技能目标

会制定采购合同，并进行采购合同的审批、签订及违约处理；会对影响采购资源质量的因素进行分析；会对采购资源的质量进行初步检验，并选择适用的方法进行质量管理；会分析并确定采购价格；知道采购成本的构成，并会采取措施降低采购成本。

【导入案例】

绷紧采购合同监管之弦

某市人民医院委托当地政府采购中心，以公开招标方式采购综合住院楼医用电梯

5台，采购预算为300万元。供应商R公司以ABC（字母代表汉字）品牌电梯、203万元最低投标报价和优质服务承诺条款战胜了所有的竞争对手，取得了该采购项目的中标资格，并在中标通知书发出后的法定期限内，按照投标文件所确定的内容，与该医院签订了医用电梯采购合同，并于当日将合同副本报当地政府采购监督管理部门备案。

但是供应商R公司在履行采购合同的过程中，交货时间、地点都符合合同要求，但提交的货物却为AC（同上）品牌电梯，非ABC品牌电梯，且施工监理方到场凭乙方出具的医用电梯采购合同予以验收确认，并将验收报告提交给了院方财务部门，财务部门按合同约定的付款期限和电梯安装工程进度付给供应商R公司180万元。

后经甲方该医院电梯项目部有关人员认真核对发现，甲方与乙方一式二份的医用电梯采购合同中在货物标的物的名称方面存在歧义：甲方要求乙方提供的货物应当是ABC品牌电梯，非乙方提供的AC品牌电梯，明显有一个汉字之差。

于是，甲方与乙方发生医用电梯采购合同纠纷。甲方认为乙方存在篡改合同并有欺诈行为，乙方申明按货物简称提供电梯，且货物到场有施工监理方验收确认无异议的验收报告，无合同欺诈行为。

分析：在这一采购合同纠纷中，双方各存在哪些问题？

（案例来源：《中国政府采购报》。）

一、采购合同的执行

合同是当事人或当事双方之间设立、变更、终止民事关系的协议。依法成立的合同，受法律保护。合同是一种重要的约束和控制手段，可以减少风险。

采购合同是指供需双方为了执行购销任务，明确双方权利和义务，而签订的具有法律效力的书面协议。采购合同是采购关系的法律形式，对于确立规范有效的采购活动，明确供方与需方的权利义务关系，保护供需双方当事人的合法权益具有重大意义。

1. 采购合同的类型

采购合同，按照不同的标准可以划分为不同的类型。

（1）按照采购合同的形成方式划分。

①口头合同。

口头合同，是指合同双方当事人只是通过语言进行意思表示，不用书面表达合同内容而订立合同的形式。

口头形式不能有形地表明合同的内容，在发生纠纷时，权利和义务关系不易确定，责任也不易分清。因此，对于不能即时清结的合同或数额较大的合同，不宜采用口头合同的形式。

②书面合同。

书面合同，是指合同书、信件和数据电文（包括电报、电传、传真、电子数据交换和电子邮件）等，可以有形地表现所载内容的形式，即以文字为表现形式的合同形式。

书面合同的最大优点是在发生纠纷时，举证方便，有据可查，易于分清责任，但是订立程序较为繁琐。

③其他合同。

其他合同，是指除了口头合同与书面合同以外的其他形式的合同，包括默示形式和推定形式。

（2）按照采购合同的采购内容划分。

①货物采购合同。

货物采购合同，是指供需双方为了顺利完成货物的购销活动，明确供需双方的相应权利和义务，而签订的具有法律效力的协议。

②工程项目采购合同。

工程项目采购合同是指供需双方为了工程项目资源（工程发包、设计、项目管理、监理、招投标、设备材料等）的购销顺利进行，而签订的合同。

③服务采购合同。

服务采购合同是指供需双方为了服务资源（管理咨询、技术指导、人力资源等）的合作关系顺利进行，而签订的合同。

目前，服务采购是采购活动中发展最快的领域，它与货品的采购有着很大的差别，服务采购的竞标、谈判和合同制定要比货物采购复杂得多。

2. 采购合同的履行

（1）采购合同的主要内容。

《中华人民共和国合同法》(以下简称《合同法》)第12条规定："合同的内容由当事人约定，一般包括以下条款：（一）当事人的名称或者姓名和住所；（二）标的；（三）数量；（四）质量；（五）价款或者报酬；（六）履行期限、地点和方式；（七）违约责任；（八）解决争议的方法。当事人可以参照各类合同的示范文本订立合同。"

采购合同的内容（也称采购合同条款），主要包括供需双方当事人的具体权利和义务。

一份采购合同主要由开头、正文与结尾三部分组成，合同的未尽事宜，可在附则中写入。具体内容如图3-10所示。

（2）采购合同签订。

采购合同签订是指采购和供应双方当事人在平等自愿的基础上，就合同的主要条款经过协商取得一致意见，最终建立起资源采购合同关系的法律行为。在实际签订过程中，合同的双方当事人必须针对合同的主要内容反复磋商，直至取得一致意见，合同才告成立。

①准备工作。

采购人员在签订采购合同前，必须审查卖方当事人的合同资格、资信和履约能力，按照《合同法》的要求，逐条订立采购合同的各项必备条款。

第一，审查卖方当事人的合同资格。

为了避免和减少采购合同执行过程中的纠纷，在正式签订合同之前，采购人员首先应审查卖方当事人作为合同主体的资格。所谓合同资格，是指订立合同的当事人及其经办人必须具有法定的订立经济合同的权利。审查卖方当事人的合同资格的目的在于确定对方是否具有合法的签约能力，这一点直接关系到所签订的合同是否具有法律效力。

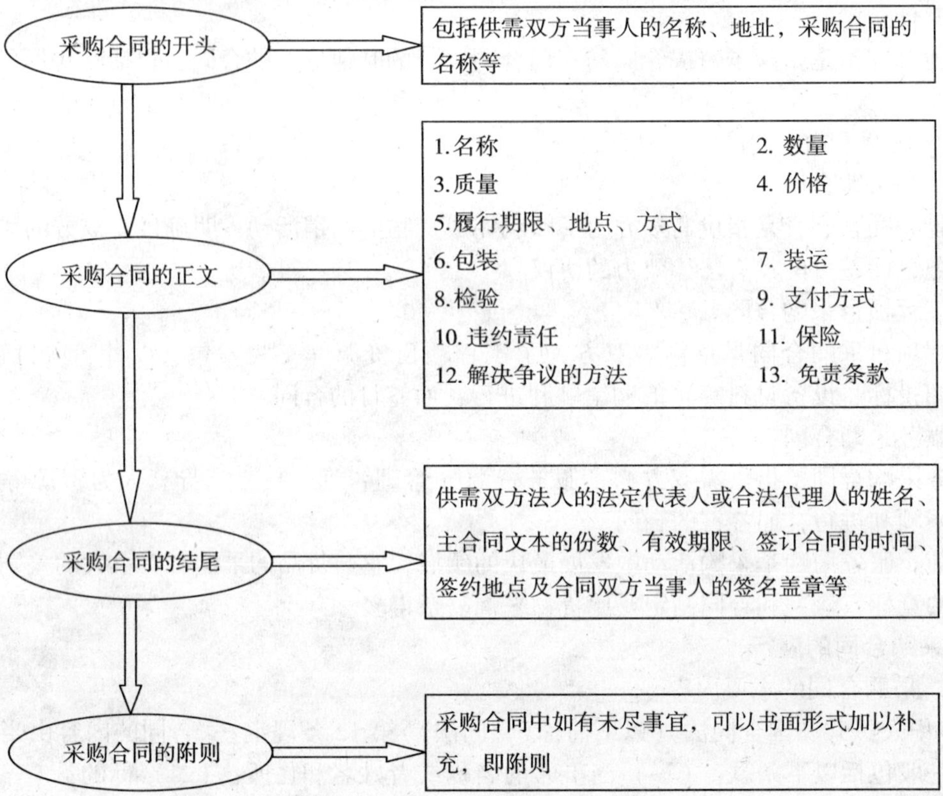

图 3-10　采购合同的主要内容

第二，审查卖方当事人的资信和履约能力。

审查卖方当事人的资信情况，了解当事人对采购合同的履行能力，对于在采购合同中确定权利义务条款具有非常重要的作用。

采购人员在日常工作中，应当注意搜集有关企业的履约情况和商情，作为以后签订合同的参考依据。

②签订程序。

签订合同，是当事人双方的法律行为。合同的成立，必须由当事人相互作出意思表示并达成合意。《合同法》规定："当事人双方依法就合同的主要条款经过协商一致，合同就成立。"

当事人相互协商签订合同的过程，通常分为两个阶段，即包括提出订立合同的建议和接受订立合同的建议，民法学上称为"要约"与"承诺"。

第一，要约。

《合同法》第 14 条规定："要约是希望和他人订立合同的意思表示，该意思表示应当符合下列规定：（一）内容具体确定；（二）表明经受要约人承诺，要约人即受该意思表示约束。"

要约必须是特定人所为的意思表示。要约，可以由任何一方当事人提出，不管他是自然人还是法人。但是，发出要约的人必须是特定的，即人们能够确定发出要约的是谁。一般情况下，要约的相对人（受要约人）也是特定的，即要约是向特定人发出的。但在一些场合，要约也可以向不特定人提出。如商店中明码标价的商品销售，就是要约人（商家）向不特定的受要约人（顾客）发出的要约。

要约是订立合同的提议，必须包括合同主要条款，以便受要约人确切知道要约的内容，决定是否接受要约。要约内容必须明确、具体、肯定，必须表明经受要约人承诺，即受该意思表示的约束。

要约必须具有缔结合同的目的。当事人发出要约，是为了与对方订立合同，要约人要在其意思表示中将这一意愿表示出来。要约作为表达希望与他人订立合同的一种意思表示，其内容已经包含了一份可以得到履行的合同成立所需要具备的基本条件。在此情况下，如果受要约人表示接受此要约，则双方达成了订立合同的合意，合同也即告成立。因此，一项有效的要约，必须在受要约人表示承诺的情况下，要约人就要受该要约的约束。

第二，承诺。

《合同法》规定："承诺是受要约人同意要约的意思表示。""承诺生效时合同成立。""承诺通知到达要约人时生效。承诺不需要通知的，根据交易习惯或者要约的要求作出承诺的行为时生效。"

承诺必须由受要约人本人或其法定代表人或其委托代理人作出。

要约如果是向特定人发出的，则承诺必须由该特定人或其授权的代理人作出，如果要约是向一定范围的人作出的，承诺可以由该范围内的任何人作出。

承诺不附带任何条件，承诺的内容必须和要约的内容一致。

承诺必须是无条件地接受，承诺对要约的内容作出实质性变更的，为新要约。

承诺必须在合理期限内向要约人作出。如果要约规定了承诺期限，则应该在规定的承诺期限内作出；如果要约中没有规定要约有效期，即承诺期限的，承诺应该在合理期限内向要约人作出。合理期限一般指要约的送达时间、受要约方考虑是否接受要约的时间、接受要约送达到要约方的时间的总和。超过了要约有效期（承诺期限）或合理期限的承诺，视为一项新要约。

承诺是对要约的全部接受，只对要约人和受要约人有拘束力，所以，承诺必须向要约人本人或其授权代理人作出，对要约人以外的人作出的承诺，合同不能成立。

承诺必须明确表示受要约人同意并与要约人订立合同。承诺必须清楚明确，不能含糊。

（3）采购合同的履行。

采购合同生效后，合同双方当事人应当按照约定全面履行自己的义务。

合同生效后，当事人就质量、价款或者报酬、履行地点等内容没有约定或者约定不明确的，可以协议补充；不能达成补充协议的，按照合同有关条款或者交易习惯确定。

采购合同履行的一般规则包括：

第一，质量要求不明确的，按照国家标准、行业标准履行；没有国家标准、行业标准的，按照通常标准或者符合合同目的的特定标准履行。

第二，价款或者报酬不明确的，按照订立合同时的市场价格履行；依法应当执行政府定价或者政府指导价的，按规定履行。

第三，履行地点不明确的，在履行义务一方所在地履行。

第四，履行期限不明确的，债务人可以随时履行，债权人也可以随时要求履行，但应当给对方必要的准备时间。

第五，履行方式不明确的，按照有利于实现合同目的的方式履行。

第六，履行费用的负担不明确的，由履行义务一方负担。

3. 采购违约的处理

（1）采购违约行为。

采购违约行为是指采购合同当事人违反合同约定义务的行为。

常见的违约行为有以下几种：

第一，合同当事人由于自身的主观原因，不按照合同约定履行，即虽有履行义务的能力和条件，但却以各种理由拖延履行或拒绝履行，常见的现象有有货不交、拖欠货款、转移财产、赖账不还等。

第二，当事人由于一些可以克服的客观条件的影响，没有如期实际履行合同，而是拖延履行或干脆不履行。如货源紧张造成延迟交货，资金周转不足造成逾期交货，“三角债”，连环合同形成的相互债务拖欠等。

第三，当事人履行的合同义务不符合合同的要求，履行标的不当。常见的有资源的品质出现问题，包括质量与要求不符；与标准不符，产品有瑕疵等；交付的工程项目验收不合格，保管物损坏，代理权不明确出现滥用代理权等。

（2）采购违约责任的承担。

《合同法》第 107 条规定：“ 当事人一方不履行合同义务或者履行合同义务不符合约定的，应当承担继续履行、采取补救措施或者赔偿损失等违约责任。”

违约责任是指合同当事人违反合同约定，造成一方或各方利益损失时，应当依法承担弥补利益损失的责任。

违约责任的承担方式是合同各方在合同中约定或者补充约定的，当事人出现违约行为时应当采取的补救措施。违约责任也不是绝对不变的，合同各方在违约以后，可以再行约定采取合适的补救措施。常用的违约责任承担方式有：

①继续履行。

继续履行是指合同义务没有履行或者履行不符合约定的，守约方可以要求违约方按照合同约定继续履行，直至达到合同目的。此种情况多适用于合同标的物是特定的且必须履行的、不得替代履行的情况，比如委托加工特定的半成品、特种型号或规格的元器件等。

②采取补救措施。

采取补救措施是指履行债务的标的物品质不符合合同约定的条件，在不需继续履行而只需采取适当补救措施时，即可达到合同目的或守约方认为满意的目的。比如交付的产品质量不符合约定的，受损害方根据合同标的物的性质以及损失的大小，可以合理选择要求对方承担修理、更换、重做、退货、减少价款或者报酬等违约责任。

③支付违约金。

支付违约金是指合同各方在合同中约定的，一方或各方违约时，违约方要支付给守约方一定数额的货币，以弥补守约方损失同时兼有惩罚违约行为作用的违约责任方式。承担违约责任后，是否还要继续履行或采取补救措施，可由合同各方协商确定。但是，当事人就迟延履行约定违约金的，违约方支付违约金后，还应当履行债务。

④损失赔偿。

损失赔偿是指合同各方在合同中约定的，一方因违约给对方造成实际损害的，按实际损害数额给予赔偿的责任承担方式。当事人在履行义务或者采取补救措施后，对方还有其他损失的，应当赔偿损失。

二、采购质量管理

1. 采购质量管理基础

按照国际标准和中国国家标准的规定，质量是指产品、过程或服务满足规定要求的特征和特性总和。它包括产品质量、工序质量和工作质量。产品质量、工序质量和工作质量是相互联系、相互影响的。其中，工序质量直接影响产品质量，工作质量是工序质量和产品质量的保证和基础，产品质量则是各项工作质量的综合反映。

质量是企业获取竞争优势的要素之一。优良质量和不良质量的产品或服务，在投入的成本方面几乎是完全一样多的；而优良质量能为企业带来收益，不良质量则只会浪费企业资源，甚至使企业名誉受损，最后往往只能丢弃。除非企业的质量和价格都有竞争力，否则企业将无法长期稳定地在市场上生存。

（1）质量管理。

①质量管理的涵义。

关于质量管理的定义，各国学者有着不同的论述，但基本内容是一致的。

美国质量管理专家费根堡姆认为："质量管理是把一个组织内部各个部门在质量发展、质量保持、质量改进的努力结合起来的一个有效体系，以便使生产和服务达到最经济水平，并使用户满意。"

日本著名的质量管理专家石川馨教授对质量管理下的定义是："用最经济的方法，生产适合买方要求质量的产品，并且为研制买方满意的产品进行设计、生产、销售和服务。"

综上所述，质量管理就是指为保证和提高产品质量或工作质量所进行的各项工作的总称。

质量管理的过程包括质量计划、质量控制、质量保证和质量改进，具体的质量管理过程如图 3-11 所示。

质量计划是针对特定的产品、项目、服务或合同，制订专门的质量措施、资源和活动顺序的过程。质量计划提供了一种途径将某一产品、项目、服务或合同的特定要求与现行的通用质量体系程序联系起来。质量计划通过各种与质量相关的活动来保证项目达到预期的质量目标。质量计划中的重要输入是质量目标，而质量目标来源于用户需求和商业目标；质量计划根据质量目标制订，包括质量保证计划和质量跟踪控制计划。

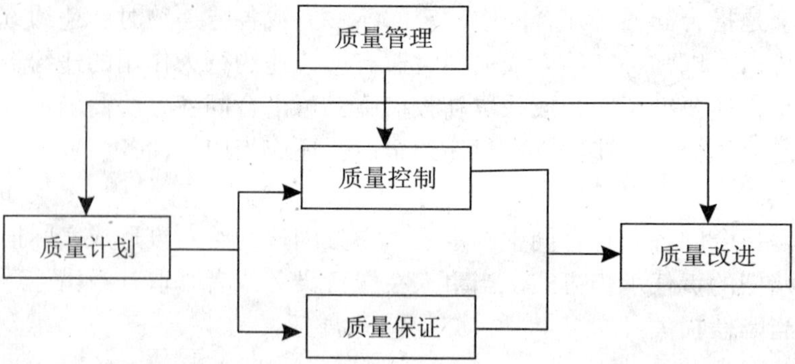

图 3-11　质量管理过程

质量控制是为了通过监督质量形成过程，消除质量形成过程中所有引起不合格或不满意效果的因素，以达到质量要求，获取经济效益，而采用的各种质量作业技术和活动。

质量保证是指为使人们确信某一产品、项目、服务或合同的质量所必需的全部有计划有组织的活动，是为了表明能够满足质量要求，而在质量体系中实施并根据需要进行证实的全部有计划和有系统的活动。

质量改进为向本组织及其顾客提供增值效益，在整个组织范围内所采取的提高活动和过程的效果与效率的措施。质量改进是消除系统性的问题，对现有的质量水平在控制的基础上加以提高，使质量达到一个新水平、新高度。质量改进是致力于增强满足质量要求能力的活动。

②质量管理的发展历程。

质量管理的发展，是同科学技术与生产力的发展密切相关的。从工业发达国家解决产品质量问题所使用方法的发展变化来看，质量管理大体经历了三个阶段。

第一个阶段是质量检验阶段，时间大约是 20 世纪初。

这一时期，企业都把检验与生产分开，设立专门的机构，负责对所生产的产品进行检验。质量管理就是事后把关，在已生产出的产品中挑选出不合格品，但不合格品造成的损失已经无法挽回。因此，这个阶段的质量管理不能解决预防不合格品产生的问题，它的作用是消极的。

第二个阶段是统计质量控制阶段，时间是 20 世纪 40 年代以后。

1928 年，沃特·休哈特博士根据数理统计原理率先提出质量控制图。使用控制图对生产过程进行观察，当有不合格产品发生的可能时，控制图便及时提供信息；根据信息，找出生产不正常的原因，并采取相应措施，预防不合格品的发生。这一阶段的另一个特点是对产品的验收大量采用了科学的抽样检验方法，它既可以减少检验费用，又解决了破坏性检验情况下对产品质量的判断问题。

第三个阶段是全面质量管理阶段，时间是 20 世纪 60 年代以后。

20 世纪 50 年代末，美国通用电气公司（GE）的费根堡姆和质量管理专家朱兰提出了“全面质量管理”的概念。他们认为，质量管理应该冲破传统的、局限于制造过程的框架，把管理范围由制造过程扩展到所有对产品质量有影响的因素，把预防不合格品的措施渗透到所有对产品质量有关的环节（产品的设计、原材料的供应、设备的维修、职工的技术培训以及产品的销售使用），把经营管理、生产技术和统计这三个方面有机地结合起来，形成一个比较完整的管理体系，确保产品的高质量。

20世纪60年代初，美国一些企业根据行为管理科学的理论，在企业的质量管理中开展了依靠职工“自我控制”的“无缺陷运动”。日本在工业企业中开展质量管理小组活动，使全面质量管理活动迅速发展起来了。

全面质量管理的概念一经提出，为理论工作者和实际工作者所接受。经过几十年的实践，全面质量管理的理论和方法又有了新的发展。

质量管理从单纯的质量检验发展到全面质量管理，并不仅仅是量的变化，而是从量到质的飞跃。与质量检验阶段相比较，全面质量管理工作范围和职能都扩大了。同时，每一个阶段的发展，并不是对前一个阶段的否定，而是在前一阶段基础上的丰富与发展，从而使质量管理日趋完善。

（2）采购质量管理。

采购质量是指与采购活动相关的质量问题，就是一个组织通过建立采购质量管理保证体系，对供应商提供的产品和服务进行选择、评价、验证，从而确保采购的资源符合规定的质量要求。

采购质量的好坏直接影响到企业最终产品的质量。采购管理的质量控制将决定企业能否成功地提供优质产品和服务。有关调查表明，至少50%的质量问题是由供应商提供的产品和服务造成的。

采购质量管理的工作内容主要有三个方面，即采购部门的质量管理、供应商认证与评估和资源（产品、服务、项目等）检验。

采购部门的质量管理包括物料（资源）采购的质量管理、物料（资源）采购的组织工作、物料（资源）采购供应的协调工作以及物料（资源）采购供应的控制工作。

供应商认证和评估是为了规范供应商的管理，制定供应商资格认证准则，从源头控制与供应商合作的风险，确保供应商稳定、有效地提供符合要求的产品和服务。

资源（产品、服务、项目等）检验，应严把入库资源的质量关，确保最终资源质量；资源质量验证，对供应商实施事后质量监督；及时发现问题，分清责任；弄清入库资源质量状况，有利于保管和保养。

有效的采购质量管理有利于提高企业的资源质量，保证企业生产有节奏、持续地进行，保证企业资源生产和使用环节的安全。

（3）全面质量管理。

全面质量管理（Total Quality Management，TQM），是指通过组织机构内所有层次和所有职能部门的积极参与，组织机构所提供的产品和服务的质量能得到持续不断的改进和提高的综合管理理念。

全面质量管理的特点反映在“四个全面”：

第一，管理的内容是全面的。不仅要管理好产品质量，还要管理好产品质量赖以形成的工作质量。

第二，管理的范围是全面的。管理范围包括产品设计制造、辅助生产、供应服务、销售直至使用全过程的质量管理。

第三，参加质量管理的人员是全面的。企业全体人员参加全员质量管理。

第四，质量管理的方法是全面的。根据不同的情况和影响因素，采取多种多样的管理技术和方法，包括科学的组织工作、数理统计方法的应用、先进的科学技术手段和技术改造措施等。

2. 采购质量管理方法

(1) 采购质量管理的流程控制。

采购质量管理的流程控制多使用“戴明环”。“戴明环”是在国内得到广泛应用的一种管理工作方法，它是由美国著名的质量管理专家E. 戴明博士（Dr. W. E. Deming）提出的。

①流程简介。

戴明环的核心思想是PDCA循环，P、D、C、A分别是英文的Plan（计划）、Do（执行）、Check（检查）、Action（处理）四个单词的第一个字母，PDCA循环认为，质量管理工作必须依次经过四个阶段，如图3-12所示。

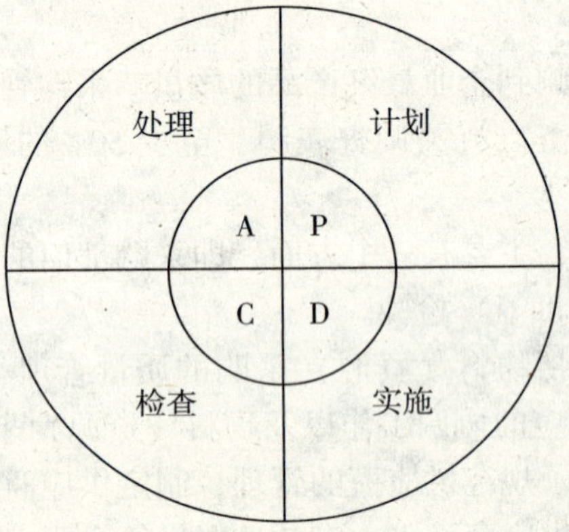

图3-12 PDCA循环的四个阶段

第一，计划（P）阶段。

明确所要解决的问题或所要实现的目标，并提出实现目标的措施或方法。计划是科学工作方法的第一步。无论做什么，首先要制订工作计划，计划可以是年计划、月计划、周计划、日计划，也可以针对某项目、某件工作制订具体的计划。

第二，执行（D）阶段。

执行阶段要贯彻落实上述的措施和方法。有了计划就应该依据计划立即行动，仅有计划而不付诸行动，等于空想。

第三，检查（C）阶段。

对照计划方案，检查贯彻落实的情况和效果，及时发现问题和总结经验。依据计划行动起来后，就要把行动的结果与计划进行比较，检查结果与计划之间是否有偏差，分析、查找原因。

第四，处理（A）阶段。

把成功的经验加以肯定变成标准，分析失败的原因，吸取教训。查出原因，如果是行动偏离计划，就要修正自己的行动；如果是计划偏离了实际，就要修正计划，返回到第一步，重复上述四个步骤，直到完成工作，达到预期目标。

PDCA 循环的四个阶段并不是孤立运行的，而是相互联系的。

②小结。

PDCA 循环是开展质量改进活动的有效方法，可应用于任何实体的质量改进活动。其中，处理阶段是关键，处理阶段是解决问题、总结经验和吸取教训的阶段。该阶段的重点又在于修订标准，包括技术标准和管理制度。没有标准化和制度化，就不可能使 PDCA 循环转动向前。

在 PDCA 循环图中（图 3-12），四个阶段一个都不能少，大环套小环；每循环一次，产品质量、工序质量或工作质量就提高一步。

（2）采购商品检验方法。

采购商品检验的方法很多，一般有感官检验、理化检验和试用性检验三种方法。在实际工作中，这些检验方法常常按照商品的不同质量特性进行选择和相互配合使用。

①感官检验。

感官检验又称感官分析或感官评价，是通过人感觉器官的感觉和实践经验，并借助一定的器具来测试评价商品质量的方法。如对产品的形状、颜色、气味、伤痕、老化程度等，通常是依靠人的视觉、听觉、触觉和嗅觉等感觉器官进行检查，并判断质量的好坏或是否合格。

②理化检验。

理化检验是在一定的实验室的环境下，利用各种仪器器具和试剂作为手段，运用物理的、化学的及生物学的方法来测试商品质量的方法。它主要用于商品成分、结构、物理性质、化学性质、安全性、卫生性以及对环境的污染和破坏性等方面的检验。

在商品的生产和流通中，理化检验法应用得越来越广泛。

③试用性检验。

试用性检验法是观察商品在实际使用条件下的性状及使用功能的变化，从中取得数据来判定商品质量的方法。一般用于耐用消费品的检验上。

试用性检验法通常有质量跟踪、销售部门调查、用户访问等方式。

（3）采购质量管理的统计学方法。

分析和控制产品质量的常用方法有分层法、排列图法、因果分析图法、相关图法、统计分析表法、直方图法和控制图法。

①分层法。

分层法又称分类法，是一种记录原始数据，并按照一定标志加以分类整理，以便分析采购质量问题及其影响因素的方法，是质量管理中常用来分析影响质量因素的重要方法。

在实际生产中，影响质量变动的因素有很多，这些因素往往交织在一起，如果不把它们区分开来，就很难得出变化的规律。有些分布，从整体看好像不存在相关关系，但如果把其中的各个因素区别开来，则可看出，其中的某些因素存在相关关系；有些分布，从整体看似乎存在相关关系，但如果把其中的各个因素区分开来，则可看出不存在相关关系。

运用分层法，可使数据更真实地反映实际性质，有利于找出主要问题，分清责任，及时加以解决。在实际应用分层法时，研究质量因素可按操作者、设备、原材料、工艺方法、时间、环境（简称4M1E）等方法进行分类。

②排列图法。

排列图，又称帕累托图、ABC分类法或主次因素分析法，是根据归集的资料，以不良原因、不良状况发生的现象，有系统地加以分层归类，计算出各层所产生的数据（如不良率、损失金额）及所占的比例，再依照大小顺序依次排列并进行累加计值而形成的图形，即一种按照顺序持续改善的方法。它是找出影响产品质量主要因素的一种简单而有效的图表方法。

排列图法将影响产品质量的众多影响因素按其对质量影响程度的大小，用直方图形顺序排列，从而找出主要因素。

通常累计百分比将影响因素分为三类：0~80%为A类因素，也就是主要因素；80%~90%为B类因素，是次要因素；90%~100%为C类因素，即一般因素。由于A类因素占存在问题的80%，此类因素解决了，大部分质量问题就解决了。

③因果分析图法。

因果分析图就是当一个问题的特性（或结果）受到一些要因（或原因）的影响时，将这些要因加以整理，成为有相互关系且有系统的图形。即将造成某项特性（或结果）的诸多要因（或原因），以有系统的方式（多使用图表）来表达结果与原因之间的关系。它是利用因果分析图来系统整理分析某个质量问题与产生原因之间关系的有效工具。

因果分析图通过层层深入的分析研究来找出影响质量的原因，从交错复杂的大量的影响因素中理出头绪，逐渐地把影响质量的主要的、关键的、具体的原因找出来，从而明确所要采取的措施。

因果分析图由日本品质管理大师石川馨博士于1952年发明，所以又称“石川图”。由于其主要目的是阐明因果关系，又因为它的形状与鱼骨相似，故又常被称为“鱼骨图”。

④相关图法。

在实际生产中，往往有些变量之间存在相关关系，但是又无法由一个变量的数值精确地求出另一个变量的数值。

相关图是表示两个变量之间关系的图，又称散点图，用于分析两个测定值之间的相关关系，它具有直观简便的优点。通过作相关图对数据的相关性进行直观的观察，不但可以得到定性的结论，而且可以通过观察剔除异常数据，从而提高用计算法估算相关程度的准确性。

观察相关图主要是看散点的分布状态，概略地估计两个因素之间有无相关关系，从而得到两个变量的基本关系，更好地为质量控制服务。

⑤统计分析表法。

统计分析表就是利用统计表对数据进行整理和初步分析原因的一种常用图表。其格式可以根据产品和工序的具体要求来灵活确定。这种方法简单易行，但是实用有效。

在质量管理中最强调的是事实管理，就是要掌握事实；要掌握事实就必须设计统计分析表收集数据。质量管理中常用的统计分析表主要有缺陷位置调查表、不良品原因统计表和按不良品项目分类调查表等。

统计分析表是使用简单且易于了解的标准化表格或图形。人员只需填入规定的表格记号，再加以统计并汇总数据，即可提供量化分析或比对检查。在实际生产中，统计分析表和分层法结合使用的效果最佳。

⑥直方图法。

直方图是将收集到的质量特性数据按相等的间距，分成若干组，以组距为底边，以组内数据的个数为高，绘制成一系列矩形表示的统计图，以便直观地观察数据的分布，分析、判断生产过程是否正常的一种图解方法。

产品质量特性值的分布，一般都是服从正态分布或近似正态分布。当产品质量特性值的分布不具有正态分布特性时，往往是生产过程不稳定，或生产工序的加工能力不足。因而，由产品质量特性值所作的直方图的形状，可以推测生产过程是否稳定，或工序能力是否充足，由此，可对产品的质量状况作出初步的判断。

⑦控制图法。

控制图是用于分析和判断工序是否处于稳定状态而所使用的带有控制界限的一种工序管理图。由纵坐标（表示质量特征）、横坐标（表示样本号）、中心线（CL）、控制上限（UCL）和控制下限（LCL）组成。

控制图大体分为两大类：计量值控制图和计算值控制图。这两类都是在生产过程中作出的。一般是每隔一定时间或一定数量的制品，从中随机抽取一个或几个制品组成样本，将检验的质量数据按照一定要求列表计算出中心线、上下控制线，即为控制图，然后逐一将制品样品的质量检测数据标入控制图，以其控制工序的状态。

（4）采购质量管理的发展方向。

质量管理的发展经历了传统质量管理阶段、统计质量控制阶段和全面质量管理阶段之后，进入了综合质量管理阶段。

综合质量管理阶段同样以顾客满意为中心，但同时也开始重视与企业职工、社会、交易伙伴、股东等顾客以外的利益相关者的关系。重视中长期预测与规划和经营管理层的领导能力。重视人与信息等经营资源，使组织充满自律、速度、柔韧性和创造性。

①六西格玛管理。

六西格玛管理是20世纪80年代摩托罗拉公司创立的一种质量改进方法。20世纪90年代被美国通用电气公司（GE）由全面质量管理发展演变而来的一种技术工具，用以设计、优化企业的各项流程，包括制造流程、服务流程等，并结合自己的实践提供了一整套的六西格玛管理流程设计与优化的工具。继而又被GE充分地挖掘，成为全世界追求管理卓越性的企业最为重要的战略举措。

关于六西格玛管理，目前没有统一的定义。

美国六西格玛管理专家罗纳德·斯尼（Ronald Sneer）将六西格玛管理定义为：“寻求同时增加顾客满意度和企业经济增长的经营战略途径。”

GE 前 CEO 杰克·韦尔奇把六西格玛定义为：“品质的含义从字面上来看，乃是要提供一个超越顶级的事物，而不仅是比大多数的事物更好而已。”

“西格玛”一词源于统计学中标准差 σ 的概念。标准差 σ 表示数据相对于平均值的分散程度。西格玛水平是过程满足顾客要求能力的一种度量。西格玛水平越高，过程满足顾客要求的能力就越强，过程出现缺陷的可能性就越小；反之，西格玛水平越低，过程满足顾客要求的能力就越低，过程出现缺陷的可能性就越大。

六西格玛管理是以顾客为关注焦点的管理理念，是在客户驱动下的持续改进，它将管理项目的重点放在顾客最关心、对组织影响最大的方面。其基本科学内涵是提高顾客满意度和降低组织的资源成本，强调从组织整个经营的角度出发，站在顾客（包括内部客户）的立场上考虑质量问题，采用科学的方法，在经营的所有领域内追求“无缺陷”的质量，消除无附加值的活动，以大大减少组织经营全领域的成本，提高组织的竞争力。

②质量认证。

质量认证也称合格评定，是由第三方机构依据有关标准进行的证明活动，也是国际上通行的管理产品质量的有效方法。质量认证是一种由国际社会“立法”，地方政府“支持”，供需双方“接受”的集权威性、科学、公正且经济可行的做法。

质量认证按认证的对象，分为产品质量认证和质量体系认证两类。

产品质量认证是指依据产品标准和相应技术要求，经认证机构确认并通过颁发认证证书和认证标志来证明某一产品符合相应标准和相应技术要求的活动。就是说，产品质量认证的对象是特定产品（包括服务）。认证的依据是产品（服务）质量要符合指定标准的要求，质量体系要满足指定质量保证标准的要求，证明获准认证的方式是通过颁发产品认证证书和认证标志，其认证标志可用于获准认证的产品上。产品质量认证又有两种：一种是合格认证属自愿性认证，是否申请认证由企业自行决定。另一种是安全性产品认证，它通过法律、行政法规或规章规定强制执行认证，如输美产品的 UL 认证、输欧产品的 CE 认证等均属安全认证。

质量管理体系认证，是依据国际通用的质量和质量管理标准，经国家授权的独立认证机构对组织的质量体系进行审核，通过注册及颁发证书来证明组织的质量体系和质量保证能力符合要求。

质量管理体系认证通常以 ISO9000（质量保证体系）、ISO14000（环境管理保证体系）、ISO22000（食品安全管理体系）和 Baldrige（美国波多里奇国家质量奖）为依据。

获准认证的证明方式是通过颁发具有认证标志的质量体系认证证书，但证书和标志都不能在产品上使用。质量体系认证都是自愿性的。

不论是产品质量认证，还是质量体系认证都是第三方从事的活动，目的是为了确保认证的公正性。

【案例分析】

杭州广琪
销售过期食品原料　客户包括面包新语

有内幕人士向 3·15 晚会举报：杭州广琪贸易公司在大量销售过期进口食品原料。

该公司将过期食品撕标签，换包装，用清洗液擦，拿小刀来刮，违法场景触目惊心。记者发现其仓库一批已过期的烘焙王精制低筋小麦粉，包装袋上长出了霉斑；有的上面甚至还爬着一些虫子。而这家公司存放的过期食品数量之多，过期时间之长，让人触目惊心。

更令人揪心的是，这样的问题食品原料竟堂而皇之、瞒天过海、大肆销售。该公司的长期客户包括可莎蜜儿、金点、丹比、浮力森林、面包新语、小小涩会、九月生活等多家烘焙企业。

思考：

假如你是杭州广琪贸易公司的供货对象之一杭州"面包新语"的采购主管，面对供应商出现这种情况，你会如何处理？在今后的合同管理和供应商监管中应作何调整，并说明理由。

（案例来源：《楚天都市报》2014年3月16日。）

三、采购价格与成本控制

1. 价值工程分析

（1）价值工程分析简介。

价值工程（Value Engineering，VE）与价值分析（Value Analysis，VA）两种活动都是对商品的价值、功能与成本作进一步的思考与探索，以小组活动的方式集思广益，朝各个方向寻求最佳方案，再运用体系分工的方式达成价值提升或降低成本的目标。

价值工程是在产品开发设计阶段即开始的价值与成本的革新活动，因为仍在工程设计阶段，故称为价值工程；而一旦开始量产后，往往为了成本或利润压力，非进行详尽的价值分析难以发掘可以降低成本或提高价值的改善点。此阶段之后持续的分析是降低成本的主要手法，称为价值分析。

价值工程是一种新兴的科学管理技术，是降低成本，提高经济效益的一种方法。它从20世纪40年代起源于美国。

"二战"期间，美国的军事工业发展很快，但同时出现了原材料供应紧张的问题。当时通用电气公司需要购买石棉板，由于货源紧张，价格成倍上涨，采购工作和财务开支都有困难。在采购部门曾做过技术工作的工程师麦尔斯就考虑，为什么要使用石棉板？它的功能是什么？原来，根据美国消防法的规定，工人作业时地板上一定要放石棉板，以防止火灾。麦尔斯搞清楚石棉板的功能后，就在市场上找到一种廉价的不燃烧的纸来取代石棉板，美国消防法也通过了这一代用材料。这就是有名的"石棉板事件"。

麦尔斯从研究代用材料开始，逐渐摸索出一套特殊的工作方法，把技术设计和经济分析结合起来考虑问题，用技术与经济价值统一对比的标准衡量问题，且进一步把这种分析思想和方法推广到研究产品开发、设计、制造及经营管理等方面，逐渐总结出了一套比较系统和科学的方法。1947年，麦尔斯以《价值分析程序》为题发表了研究成果，"价值工程"正式产生。

"二战"后，价值分析（1954年改称为价值工程）在美国得到了迅速发展；20世纪

60 年代传到了西欧和日本；1978 年价值工程介绍到了中国，得到了广泛的应用，取得了很大的经济效益。

实践证明，价值工程在中国现代化管理成果中占有较大的比重，为提高经济效益作出了积极的贡献。价值工程在中国经济建设中大有可为，它应用范围广，成效显著。应用价值工程取得了巨大的经济效益，价值工程的应用和研究，从工业拓展到农业、商业、金融、国防、教育等领域，从产品、工艺、配方扩展到经营、管理、服务等对象。

（2）价值分析工程的基本原理。

①价值分析三要素。

价值工程是一门工程技术理论，其基本思想是以最少的费用换取所需要的功能，以提高工业企业的经济效益为主要目标，以促进老产品的改进和新产品的开发为核心内容。

价值工程涉及价值（Value，简称 V）、功能（Function，简称 F）和寿命周期成本（Cost，简称 C）三个基本要素。

第一，价值。

价值工程中的价值是一种比较价值或相对价值的概念，对象的效用或功能越大，成本越低，价值就越大。反之，价值就越小。

第二，功能。

功能是指产品的功能、效用、能力等，即产品所担负的职能或者说是产品所具有的性能。

第三，成本。

成本指产品寿命周期的成本，主要包括生产成本和使用成本两大部分。产品寿命周期从产品的研制开始起算，包括产品的生产、销售、使用等环节，直至报废的整个时期。在这个时期发生的所有费用与成本，就是价值工程的产品成本。

②价值分析的基本原理。

衡量价值的大小主要看功能与成本的比值如何。价值公式为：

$$V=\frac{F}{C}$$

式中，V 表示对象的价值，F 表示对象的功能，C 表示对象的成本。

人们一般对商品有“价廉物美”的要求，“物美”实际上就是反映商品的性能、质量水平；“价廉”就是反映商品的成本水平，顾客购买时考虑“合算不合算”就是针对商品的价值而言的。

（3）价值分析在采购上的运用及意义。

正确采购资源，是企业合理使用资源，降低产品成本的先决条件，要做到正确地采购资源，就必须对采购资源进行价值分析，以最低的费用获得所需的必要资源。采购资源不仅是购买一种实物，更重要的是购买这种实物所包含的必要功能，这是价值分析理论在采购中应用的核心。

以合理的价格采购资源，是价值分析的目的之一。任何功能都要为之付出费用，不切实际地追求多功能、高质量势必造成浪费。因此，应以性能价格比作为衡量采购成功与否的标志。

降低资源的使用费用是价值分析的另一个目的。购置费用容易引起人们的重视，而使用费用往往被忽视。例如，有的资源购置费用低，而使用费用及寿命周期费用却较高，价值分析则要求整个寿命周期费用降低到最低限度。

2. 供应商定价分析

采购作为物流的第一个环节，它的成本高低对于整个生产的总成本有一定作用。采购成本是企业成本控制中的主体和核心部分。对于典型的制造型企业来说，采购成本（包括原材料和零部件）要占产品总成本的60%，例如汽车行业的采购成本约占一辆车成本的80%。可见，采购成本直接影响企业最终产品的定价和企业的利润，正确理解成本对有效的采购来说是相当必要的。

所谓供应价格，是指供应商对自己的产品或服务所提出的销售价格。

（1）供应商定价目标。

每个供应商在定价时都有明确的定价目标。供应商制定价格的目标主要有两个：获取利润目标和占有市场目标。

①获取利润。

利润是考核和分析销售工作好坏的一项综合性指标，是供应商最主要的资金来源。以利润为定价目标有预期收益、最大利润和合理利润三种具体的形式。

预期收益目标是指供应商以预期利润（包括预交税金）为定价基点，并以利润加上产品的完全成本构成价格来出售产品，从而获取预期收益的一种定价目标。

最大利润目标是指供应商在一定时期内综合考虑各种因素后，以总收入减去总成本的最大差额为基点，确定单位产品的价格，以取得最大利润的一种定价目标。

合理利润目标是指供应商在补偿正常情况下社会平均成本的基础上，适当地加上一定量的利润作为产品价格，以获取正常情况下合理利润的一种定价目标。

②占领市场。

市场占有率能准确反映供应商在同行业中的地位和竞争力。因此，许多供应商以市场占有率作为自己的价格目标。

以低价占领市场：以低价占领市场为目标，就是在提高产品质量，降低产品成本的前提下，使产品的价格低于主要竞争者的价格，以低价迅速挤占市场，从而提高产品的市场占有率。待占领市场后，再通过增加和提高某些功能的方式逐步提高产品价格。

以竞争价格占领市场：以竞争价格占领市场为目标，就是供应商在制定产品价格之前，认真研究竞争对手的策略，根据自身实力，用针锋相对的方式与对手抗衡，以便占领市场或保护既得市场。这种价格目标，易导致价格大战，风险较大。

（2）供应商定价方法。

①成本导向定价。

成本导向定价法是以产品单位成本为基本依据，再加上预期利润来确定价格的方法。它是企业最常用、最基本的定价方法。

成本导向定价法是以成本作为定价底线，关注对成本的充分补偿和盈利的可能性，并尽可能把外界对价格的影响通过成本类型和盈利率的选择反映出来。

成本导向定价法主要有成本加成定价法、目标成本定价法、盈亏平衡定价法等几种具体的定价方法。

②竞争导向定价。

竞争导向定价法是以竞争者的价格为导向的。它的特点是价格与商品成本和需求并不直接发生关系，而是与竞争者的定价相关联。竞争者的价格变动了，则相应地调整其商品价格。

竞争导向定价主要包括随行就市定价法、价格领袖定价法、竞争投标定价法和拍卖定价法等。

③需求导向定价。

需求导向定价是指按照顾客对商品的认知和需求程度制定价格，而不是根据卖方的成本定价。这类定价方法的出发点是顾客需求，认为企业生产产品就是为了满足顾客的需要，产品的价格应以顾客对商品价值的理解为依据来制定，又称为顾客导向定价。

需求导向定价法主要包括直觉价值定价法、差别定价法和增量分析定价法。

（3）供应价格构成。

了解供应商的供应价格影响因素、定价目标和方法有助于供应商的成本结构分析。决定产品或服务总成本的因素有很多，主要包括以下因素：

①直接材料费。

直接材料费是直接用于产品或服务的生产原材料。

②直接人工费。

直接人工费包括与货物和服务的生产直接相关的人工成本。

③间接费用。

间接费用包括不能直接归结于产品或服务的，但又是经营中所必需的人工成本和原材料成本。

④制造费用。

制造费用是企业生产单位为生产产品或提供劳务而发生的，应计入产品或劳务成本，但没有专设成本项目的各项生产费用。

⑤一般行政管理费。

一般行政管理费包括管理费用、营销费用、财务费用以及其他与产品或服务的生产没有直接关系的费用。

⑥利润。

利润是对供应商的经营风险和生产效率的回报，是企业从事商业活动所希望得到的一个成果。

3. 采购成本控制

（1）供应商成本分析。

我们对供应商的成本进行分析，一方面能为判断供应商定价是否合理提供依据，另一方面也能为进一步谈判作准备，使自己处于有利地位。

①成本结构分析。

企业在开发新产品或投资建厂时都会进行盈亏平衡分析。盈亏平衡分析，也称量本利分析或保本分析。

生产成本可分为固定成本和可变成本。可变成本是随着产品的产量增减而相应提高或降低的费用，包括原材料、能耗等；固定成本则在一定时期内保持稳定，不随产品产量的增减而变化，包括管理费用、设备折旧等。

一般来说，在产品的成本构成中，固定成本比例越高，价格的弹性就越大，随市场季节变化及原材料的供应的变化波动也就越强烈，因而这些产品在采购时可采用加大订购数量，在消费淡季订购等方法来降低采购成本。而对于可变成本比例较高的产品则要努力改善供应商，促进其管理水平的提高并降低管理费用。

②采购成本的影响因素。

采购成本的影响因素主要包括采购批次和采购批量、议价能力等。

采购批次和采购批量：采购的单价与采购的数量成反比，即采购的数量越大，采购的价格越低。企业间联合采购，可合并同类物资的采购数量，通过统一采购使采购单价大幅度降低，使各企业的采购费用也相应降低。

议价能力：谈判中谈判人员的采购谈判能力、谈判双方实力对比以及砍价能力。

（2）采购价格的确定。

价格是采购中一个非常重要的因素，应予以重视，但也不能过分重视，而忽略其他采购因素。影响采购总成本的因素，不止价格一个，因此在决定采购的各项原则中，价格应被看作最后的一项考虑因素。如果不能确保适当的品质、数量与可靠供应，价格高低也就毫无意义可言。

总而言之，要使所需采购的资源在适当的质量、数量、交货时间及其他有关条件下，价格最低。

①询价采购。

询价采购是对几个供应商（一般情况下至少三家）的报价进行比较，以确保价格具有竞争性的一种采购方式。多用于对合同价值较低的标准化货物或服务的采购。

询价采购的特点主要包括：邀请报价的供应商数量至少为三个；只允许每个供应商提供一个报价；采购合同应授予符合采购资源需求的提供最低报价的供应商。

询价采购多适用于采购现成的，而并非按采购实体的特定规格特别制造或提供的货物或服务；采购合同的估计价值低于采购条例规定的金额。

②议价采购。

议价采购又称谈判采购，是指供需双方通过协商谈判确定采购价格。谈判采购是指采购方通过与多家供应商进行谈判，最后从中确定合作供应商的一种采购方式。这种方法适用于紧急情况下的采购或涉及高科技应用产品和服务的采购。谈判采购通过讨价还价就发货、技术规格、价款和交易术语等合同要件达成共识。

谈判要求供需双方就合同的细节进行面对面的商谈，而不能仅靠交换文件的方式。议价采购确定价格只需向预定的供应商个别谈判议价，可秘密进行。

③招标采购。

招标是指招标人（需方）发出招标公告或投标邀请书，说明招标的工程、货物、服务的范围，标段（标包）划分、数量，投标人（供方）的资格要求等，邀请特定或不特定的投标人（供方）在规定的时间、地点按照一定的程序进行投标的行为。招标是一种国际上普遍运用的、有组织的市场交易行为。

我国《招标投标法》规定："招标项目按照国家有关规定需要履行项目审批手续的，应当先履行审批手续，取得批准。招标人应当有进行招标项目的相应资金或者资金来源已经落实，并应当在招标文件中如实载明。"

招标采购包括公开招标采购、邀请招标采购和单一来源采购。

公开招标采购，是指招标人（需方）在媒体上公开刊登通告，吸引所有有兴趣的供应方参加投标，并按法定程序选定中标人的一种采购方式。

邀请招标采购，是指按照事先规定的条件选定合格的供应商或承包商，接到邀请者方才有资格参与投标。邀请招标采购应当是由采购人或采购代理机构以投标邀请书的方式选择邀请符合条件的（至少三个以上）特定供应商作为潜在的投标人，被邀请的供应商自主决定是否参与投标竞争，最后在所有参与授标的供应商中，通过一定的评标方法选出中标供应商。

单一来源采购是指只能从唯一供应商处采购的，发生了不可预见的紧急情况，为了保证原有采购项目一致性或配套服务需从原供应商添购原合同金额10%以内的情形的政府采购项目，采购人向特定的一个供应商采购的一种政府采购方式。

除了利用以上三种方式确定采购价格之外，还有非正式报价、利用电子商务市场获取报价等方法。

（3）采购成本分析。

采购成本指与采购原材料、部件相关的物流费用，包括采购订单费用、采购计划制订人员的管理费用、采购人员管理费用等。

①购入成本。

购入成本是指由于购买物料而发生的货币支出成本，包括买价和采购费用（运输费、包装费、保险费、途中合理损耗、入库前整理挑选费、税金等）。

②订货成本。

订货成本是指为订货发生的各种成本，包括采购人员工资、采购部门的一般经费（如办公费、水电费、折旧费等）和采购业务费（如差旅费、通信费、检验费等）。订货成本可分为固定订货成本和变动订货成本两大类。

③缺货成本。

缺货成本是指由于存货数量不能及时满足生产和销售的需要而给公司带来的损失，包括停工待料损失、延迟发货损失和丧失销售机会损失（包括商誉损失）。如果损失客户，还可能为企业造成间接或长期损失。

④存货成本。

存货成本是指因储存存货而发生的各种成本，包括支付给储运部门的存储费，存货占用资本应计的利息、税金，保险费，搬运、储存、损耗、陈旧、变质、公司自设仓库的一切费用。存货成本可分为固定存货成本和变动存货成本两大类。

（4）降低采购成本的方法。

成本降低可以从各个方面实施，但在进行成本降低的同时必须了解，成本降低的主要目的是找出并减少不必要的成本部分，并且在不影响质量的前提下，对成本进行最有效的分配利用。

①优化供应商整体结构和供应配套体系。

这一方法包括通过供应商市场调研等寻找更好的新供应商，通过市场竞争招标采购，与其他单位合作实行集中采购，减少现有原材料及零部件的规格品种进行大量采购，与供应商建立伙伴型合作关系取得优惠价格等。

②改进现有供应商。

这一方法促使供应商实施即时供应，改进供应商的产品质量以降低质量成本，组织供应商参与本企业的产品开发及工艺开发以降低产品与工艺成本，与供应商实行专项共同改进项目以节省费用（如采用周转包装材料降低包装费用，采用专用运输工具缩短装卸运输时间和成本，采用电子邮件传递文件减少行政费用）并提高工作效率等。

③价值分析。

将产品设计简化以便于使用替代性材料或制造程序；采用提供较合适付款条件的供应商；采购二手机器设备而非全新设备；运用不同的议价技巧；选择费用较低的货运承揽业者，或考虑改变运输模式（如将空运改为海运），这些方法也可同样达到成本降低的目的。

前置时间是否足够，是否会影响到其他工作，这两样必须先行确认，并作周密的评估。

④采购谈判技巧。

谈判是降低采购成本的重要渠道之一，其中最常用的是灵活运用采购谈判技巧。辅助价格谈判的基本工具主要有成本结构分析，了解供应商的“学习曲线”和价格折扣。

但最新研究表明，通过谈判降低采购成本的幅度是有限的，企业还要配合集中采购、目标成本法、供应商成本结构分析等方法的运用，综合考虑如何降低采购成本。

【案例分析】

格杰斯水晶灯的故事

2013 年 12 月 8 日，格杰斯大酒店在鲜花的簇拥和鞭炮的喧嚣声中正式对外营业了。

该酒店不仅拥有装修豪华、设施一流的总统套房、贵宾客房和标准客房，下设的老上海餐厅更是经营传统上海菜和海派家常菜肴，为中外客商提供各式专业和体贴的服务。由于酒店的投资方公司资金雄厚，实力强大，开业当天，不仅社会各界知名人士到场剪彩庆祝，更吸引了大批新闻媒体竞相采访报道。一时间，格杰斯大酒店门前人头攒动。

最让人骄傲和夸耀的是酒店大堂里的一盏绚丽夺目、熠熠生光的水晶灯。这盏水晶灯是公司赵副总经理亲自组织货源，最终从英国某珠宝公司高价购回的，货款总价高达 680 万美元。这样的超级豪华水晶灯不仅在国内罕见，即使是国外，也只有在少数几家 5 星级大酒店里能见到。开业当天，来往宾客无不对这盏豪华的水晶灯赞不绝口，称羡不已。尤其是经过媒体报道，更成为当天的头条新闻。格杰斯大酒店在这一天也像那盏水晶灯一样，一举成名，当天客房入住率就达到了70%以上。

赵总也因此受到了公司领导的高度赞扬，一连几天，赵总的脸上都洋溢着快乐而满足的笑容。

好景不长，两个月后，这盏高规格高价值的水晶灯就出了状况。首先是失去了原来的光泽，变得灰蒙蒙的，即使用清洁布使劲擦拭也不复往日光彩。其次，部分金属灯杆出现了锈斑，还有一些灯珠破裂甚至脱落。人们看到这“破了相”的水晶灯，议论纷纷，这就是破费数百万美元换回的高档水晶灯吗？鉴于情况严重，公司领导责令赵总在限期内对此事作出合理的解释，并停止了他的一切职务。这时，赵总再也笑不出来了。

事件真相很快就水落石出了。

格杰斯大酒店在未经公开招标的情况下，即与南方G公司签订了价值为680万美元的代购合同。依照合同规定，南方G公司必须提供奥地利某著名珠宝公司出产的水晶灯，并由W公司向格杰斯大酒店出具该公司的验证证明书，其中250万元为支付给G公司的代理费。交易发生后，G公司并未向格杰斯大酒店出具有关水晶灯的任何品质鉴定资料，格杰斯大酒店也没有同G公司办理必要的查验手续。经查实，这笔交易都是由赵总经理操办的，从签订合同、验收入库到支付货款都是由他一人说了算，而他之所以会这样做，正是因为收受了G公司的巨额好处费。

出事之后，赵总受到了法律的严惩，而格杰斯大酒店不仅因此遭受了上千万元的巨额损失，更为严重的是酒店名誉遭受重创，成为同行的笑柄。这对于一个新开业的公司而言，不啻是一个致命的打击。

分析与思考：

在整个采购过程中，格杰斯酒店出现了哪些问题？在采购过程中哪些环节应加强监控？

项目四　采购的评估管理

任务一　供应商关系管理

☞知识目标

通过本任务的学习，了解供应商关系管理的重要意义和目的，具备供应商管理意识。能正确处理同供应商的关系。

☞技能目标

会根据实际情况正确处理与供应商的关系。

一、供应商细分

在供应商管理中，必须将供应商关系分为不同的类别。企业的资源是有限的，因此必须根据供应商对本公司企业经营影响的大小设定优先次序，区别对待，以利于集中精力重点改进、发展对企业最重要的供应商。供应商关系管理的基础是供应商分类，本节介绍供应商关系的分类以及双赢供应商关系。

1. 供应商关系的演变

传统的采购商和供应商之间是一种“零和”的竞争关系。在最近几十年，“双赢”的观念开始在企业中处于上风，而供应伙伴关系的观念也随之出现。

企业与供应商之间的关系大致可以分为五种，即短期目标型、长期目标型、渗透型、联盟型、纵向集成型。

（1）短期目标型。

这种类型最主要的特征是双方之间的关系是交易关系，他们希望彼此能保持比较长期的买卖关系，获得稳定的供应，但是双方所做的努力只停留在短期的交易合同上，各自关注的是如何谈判，如何提高自己的谈判技巧，不使自己吃亏，而不是如何改善自己的工作，使双方都获利。供应一方能够提供标准化的产品或服务，保证每一笔交易的信誉。当买卖完成时，双方关系也终止了。对于双方而言，只有业务人员和采购人员有联系，其他部门人员一般不参与双方之间的业务活动。

（2）长期目标型。

与供应商保持长期的关系是有好处的，双方有可能为了共同利益对改进各自的工作感兴趣，并在此基础上建立起超越买卖关系的合作。长期目标型的特征是建立一种合作伙伴关系，双方的工作重点是从长远利益出发，相互配合，不断改进产品质量与服务质量，共同的范围遍及各公司内的多个部门。例如，由于是长期合作，可以对供应商提出新的技术要求，而如果供应商目前还没有这种能力，采购商的技术创新和发展也会促进企业产品改进，所以这样做有利于企业长远利益的实现。

（3）渗透型。

这种关系形式是在长期目标型的基础上发展起来的。其管理思想是把对方公司看成自己公司的延伸，是自己的一部分，因此，对对方的关心程度大大提高了。为了能够参与对方的业务活动，有时会在产权关系上采取适当的措施，如互相投资、参股等，以保证双方派员加入对方的有关业务活动中。这样做的优点是可以更好地了解对方的情况，供应商可以了解自己的产品在对方公司是怎样起作用的，因而容易发现改进的方向；而采购方也可以知道供应商是如何制造的，对此可以提出相应的改进要求。

（4）联盟型。

联盟型是从供应链角度提出的。它的特点是从更长的纵向链条上管理成员之间的关系。在难度提高的前提下，要求也相应地提高。另外，由于成员增加，往往需要一个处于供应链上核心地位的企业出面协调成员之间的关系，他常常被称为“盟王”。

（5）纵向集成型。

这种形式被认为是最复杂的关系类型，即把供应链上的成员整合起来，像一个企业一样，但各成员是完全独立的企业，决策权属于自己。在这种关系中，要求每个企业充分了解供应链的目标、要求，以便在充分掌握信息的条件下，自觉作出有利于供应链整体利益的决策。

2. 双赢供应关系的管理

（1）两种供应关系模式。

传统的供需双方之间的竞争关系与供应链管理下的双赢关系模式的采购特征有很大的不同。竞争关系是价格驱动的，这种关系模式的采购策略表现为：

①买方同时向多处供应商购货，通过供应商之间的价格竞争获得价格好处，同时也保证供应链的连续性。

②买方通过在供应商之间分配采购数量，对供应商进行控制。

③买方与供应商保持的是一种短期合同关系。双赢关系模式是一种供应商与生产商之间共同分享信息，通过合作和协商的相互行为。

④制造商对供应商给予协助，帮助供应商降低成本，改进质量，加快产品开发进度。

⑤通过建立相互信任的关系，提高效率，降低交易、管理成本。

⑥长期的信任合作取代短期的合同。

⑦比较多的信息交流。

（2）双赢关系对企业采购的意义。

供应商与制造商的合作关系对于准时化采购的实施是非常重要的，只有建立良好的供需合作关系，准时化采购策略才能得以彻底贯彻落实，并取得预期的效果。从供应商的角度来说，如果不实施准时化采购，就缺乏和制造商的合作，库存、交货批量都比较大，而且在质量、需求方面都无法获得有效控制。而准时化采购策略把制造商的思想扩展到供应商，加强了供需之间的联系与合作。在开放性的动态信息交互下，面对商场需求的变化，供应商能够作出快速的反应，提高了供应商的应变能力。对制造商来说，通过和供应商建立合作关系，实施准时化采购，管理水平得到了提高，制造过程与产品质量得到了有效控制，成本降低了，制造的敏捷性与柔韧性增加了。

概括起来，双赢关系对于采购中供需双方的作用表现在：

①增加对整个供应链业务活动的共同责任感和利益分享。

②增加对未来需求的可预见性和可控能力，长期的合同关系使供应计划更加稳定。

③成功的客户有助于提高供应商的竞争力。

④高质量的产品增加供应商的竞争力。

⑤增加对采购业务的控制能力。

⑥通过长期的、有信任保证的订货合同保证采购的要求。

⑦减少和消除不必要的对购进产品的检查活动。

建立互惠互利的合同是巩固和发展供需合作关系的根本保证。互惠互利包括了双方的承诺、信任、持久性。信守诺言，是商业活动成功的一个重要原则。没有信任的供应商，或没有信任的采购客户都不可能建立长期的合作关系，即使建立起合作关系也是暂时的。持久性是保持合作关系的保证，没有长期的合作，双方就没有诚意作出更多的改进和付出。机会主义和短期行为对供需合作关系将产生极大的破坏作用。

二、供应商激励

1. 建立供应商激励标准

激励是管理者为了使被管理者按照自己设定的程序或要求进行操作，以便取得预定的绩效而对被管理者实施的物质或精神上的奖励或惩罚措施。

在现代物流管理理论中，组织的物流管理范围被扩大，向两端延伸到供应商和用户，以供应链一体化为主的物流管理模式成为当今物流管理的突出特征。组织与供应商之间已经超越了买卖关系，而形成了双方共同努力，谋求共赢的战略合作伙伴关系。在这种前提下，组织对供应商的关注程度被提高，甚至将供应商纳入了日常的管理，对供应商的激励就是对其进行有效管理的手段之一。对供应商实施有效的激励，有利于增强供应商之间的适度竞争，保持对供应商的动态管理，提高供应商的服务水平，降低公司采购的风险。下文将谈谈如何对供应商进行有效的激励。

（1）建立供应商业绩评价体系 。

建立供应商业绩评价体系是建立供应商激励机制的基础，它为对供应商的激励提供了信息支持。

供应商业绩评价体系包括供应商信息的收集，业绩评价方法，评价和分析工具、评价组织与人员等方面的内容。其中，供应商信息的收集主要是收集供应商为企业提供物资供应过程中所产生的各种信息，包括质量、价格、交货及时性、包装符合性、服务与工作配合等；业绩评价方法指进行评价时采用的方法，一般有定性评价和定量评价两种（定量评价被较多采用）；分析和评价的工具包括数学模型的采用、权变理论的应用、加权平均法的应用等多种；评价组织与人员指企业应建立对供应商进行业绩评价和管理的组织部门，并配置适宜的、拥有评价工作需要的专业技能的人员，另外，对供应商进行业绩评价的周期选择也非常重要，周期太短则信息有限，评价结果不能说明供应商的实际业绩水平。周期太长，又会使供应商对业绩评价失去兴趣，难以发挥评价的作用。

（2）建立供应商激励标准。

激励标准是对供应商实施激励的依据，制定对供应商的激励标准需要考虑以下因素：

①本企业采购物资的种类、数量、采购频率、采购政策、货款的结算政策等。

②供应商的供货能力，可以提供的物资种类、数量。

③供应商所属行业的进入壁垒。

④供应商的需求，重点是现阶段供应商最迫切的需求。

⑤竞争对手的采购政策、采购规模。

⑥是否有替代品。

考虑上述因素的主要目的是，针对不同的供应商，为其提供量身定做的激励方案，以达到良好的激励效果。

2. 供应商激励的方式选择

（1）供应商激励方式。

按照实施激励手段的不同，可以把激励分为两大类：正激励和负激励。所谓正激励，就是根据供应商的业绩评价结果，为供应商提供的奖励性激励，目的是使供应商受到这样的激励后，能够“百尺竿头，再进一步”。负激励则是对业绩评价较差的供应商提供的惩罚性激励，目的是使其“痛定思痛”，或者将该供应商清除出去。

常见的正激励有如下七种表现形式：

①延长合作期限：把公司与供应商的合作期限延长，可以增强供应商业务的稳定性，降低其经营风险。

②增加合作份额：提高供应物资的数量，可以增加供应商的营业额，提高其获利能力。

③增加物资类别：增加合作的物资种类，可以使供应商一次送货的成本降低。

④供应商级别提升：能够增强供应商的美誉度和市场影响力，增加其市场竞争力。

⑤书面表扬：能够增强供应商的美誉度和市场影响力。

⑥颁发证书或锦旗：为供应商颁发优秀合作证书或者锦旗，有助于提升其美誉度。

⑦现金或实物奖励。

与此相对应，常见的负激励也有七种表现形式：

①缩短合作期限，即单方面强行缩短合作期限。

②减少合作份额。

③减少物资种类。

④业务扣款。

⑤降低供应商级别。

⑥依照法定程序对供应商提起诉讼，用法律手段解决争议或提出赔偿要求。

⑦淘汰，即终止与供应商的合作。

（2）激励方式的选择。

在供应商业绩评价的基础上，按照得分多少对供应商进行分级。对于同类供应商，按照数量的多少，选择排名第一至第三名的给予正激励，排名倒数第一至第三名的给予负激励（一般被激励的供应商不超过同类供应商总数的30%）。各种激励方式适用于不同的供应商，例如在正激励中，适用不同激励方式的供应商有：

①延长合作期限，适用于合作期限较短的供应商。

②增加合作份额，适用于具备更大数量的物资供应能力，急于扩大营业额的供应商。

③增加物资类别，适用于能够提供更多的物资种类，且物资质量符合公司标准，增加物资类别有助于降低其成本的供应商。

④供应商级别提升，适用于尚未达到战略合作伙伴级别的供应商（供应商级别的提升要逐步进行，不可越级提升）。

⑤书面表扬，可以是对供应商个人的表扬，也可以是对供应商单位的表扬；可以直接将书面表扬发至供应商单位，也可以向当地媒体提出，向社会公开表扬。

⑥颁发证书或锦旗，适用于对荣誉较为看重的供应商，可每年进行一次，最好由公司专程送达。

⑦现金或实物奖励，适用于对公司作出重大贡献或特殊贡献的供应商，一般由公司副总经理以上的领导提出。

由于负激励是一种惩罚性激励手段，一般用于业绩不佳的供应商。实施负激励的目的在于提高供应商的积极性，改进合作效果，维护公司的利益。

（3）激励时机的确定。

对供应商的激励一般在对供应商业绩进行一次或多次评价之后，以评价结论为实施依据。激励时机一般为以下几种：

①市场上同类供应商的竞争较为激烈，而现有供应商的业绩不见提升时。

②供应商之间缺乏竞争，物资供应相对稳定时。

③供应商缺乏危机感时。

④供应商对公司利益缺乏高度关注时。

⑤供应商业绩有明显提高，对公司效益增长贡献显著时。

⑥供应商的行为对公司利益有损害时。

⑦按照合同规定，公司利益将受到影响时。

⑧出现经济纠纷时。

⑨需要提升供应商级别时。

⑩其他需要对供应商实施激励的情况。

特别需要注意的是，在对供应商实施负激励之前，要查看该供应商是否有款项尚未结清，是否存在法律的风险，是否会对公司的生产经营造成重大影响，是否会对大部分供应商产生负面影响，以避免因激励而给公司带来麻烦。

（4）激励的确定与实施。

激励由公司的供应商管理部门根据业绩评价结果提出，由部门经理审核，报分管副总经理批准（涉及法律程序和现金及实物奖罚、证书和锦旗的激励报公司总经理审批）后实施。

实施对供应商的激励之后，要高度关注供应商的行为，尤其是受到负激励的供应商，观察对他们实施激励前后的变化，作为评价和改进供应商激励方案的依据，以防出现各种对企业不利的问题。

三、供应商控制

采购方要充分发挥供应商的积极性、创造性，保证企业生产的顺利进行，要防止供应商的不法行为，以避免企业的不确定损失。

1. 采购方控制供应商的方法

（1）建立买方市场环境。

如果供应商实力强大而将供应方的市场垄断，则形成了卖方市场。在这种情况下，采购方只能是市场产品和价格的接受者。因此，采购方只有靠自己的实力形成买方市场环境，供应商才会作出让步，采购方才能拥有更大的讨价还价能力。同时，供应商为了获得采购方的信赖而进行竞争，不断地提高产品质量，控制生产成本，采购方获得主动控制权。此外，由于供应商之间的竞争激烈，产品价格和信息都逐渐趋于乐观，采购方能得到较为全面准确的价格及质量信息，从而获益。

（2）合约控制。

合约控制是采购企业通过与供应商进行谈判、协商，根据双方签署的框架协议而控制供应商的方法。它是一种折中的控制方法，在除卖方垄断以外的市场结构中都可以应用，目的是使双方在今后的具体购销活动中能更好地履行各自的权利和义务。基于该合同产生的一切买卖行为都要以框架协议的规定为准。合约控制可能比买方市场环境控制的成本节约程度更大，采购方由于强大的实力或以长期合作作为条件，通过谈判可能获得低于买方市场控制带来的价格。这种方法的特点是，供需双方的关系比完全控制密切，但又不像股权控制和管理控制那样紧密。现在很多大型企业都通过合约控制方式来进行供应商管理。

2. 采购方防止被供应商控制的方法

（1）全球采购。

采购方受采购范围的限制，有时会面临卖方垄断的局面。全球采购往往使采购方在更广泛的范围内寻找到更多的供应商，打破供应商独家供应的局面，实现与价格更低、质量与服务更好的供应商建立合作关系。

（2）再找一家供应商。

除非技术上不可能，采购方应尽量打破单一供应的局面，每个产品有两个或更多的供应商供应，规避供应风险，保持供应商之间的良性竞争。

（3）增加相互依赖性。

企业可以增加对一家供应商的采购量，增加其在供应量中所占的比重，提高供应商对采购方的依赖性。这样该供应商为了维护自己的长期利益，就不会随意哄抬价格。

（4）更好地掌握信息。

要清楚地了解供应商对采购方的依赖程度，并对这些信息加以利用。例如，某企业所需原料虽然只有一家货源，但它发现自己在供应商仅有的3家客户中采购量是最大的，供应商对其依赖性比较强，结果在要求降价时供应商作出了很大的让步。

（5）注意业务经营的总成本。

供应商知道采购方没有其他的供应源，可能会咬住价格不放，但采购方可以说服供应商在其他非价格条件上作出让步。采购方应注意并利用交易中的其他环节中，使采购总成本降低。例如，在送货环节中，洽谈合适的送货数量和次数可以降低仓储和货运成本；在付款条件上，立即付款以获得供应商给予的一定折扣。

（6）与其他企业联合采购。

与其他具有同样产品需求的企业联合采购，由一方代表所有客户采购，增大采购方的力量，瓦解供应商的优势。

【案例分析】

戴尔公司的供应商关系管理

戴尔公司创建于1984年，是美国一家以直销方式经销个人电脑的电子计算机制造商，其经营规模已迅速发展到当前120多亿美元销售额的水平。戴尔公司是以网络型组织形式来运作的企业，它联结了许多为其供应计算机硬件和软件的厂商。其中有一些供应厂商，电脑显示屏做得非常好。戴尔公司先是花很大的力气和投资使这家供应商做到每百万件产品中只能有1000件瑕疵品，并通过绩效评估确信这家供应商达到要求的水准后，就完全放心地让他们的产品直接打上“Dell”商标，并取消了对这种供应品的验收、库存。类似的做法也发生在戴尔其他外购零部件的供应中。通常情况下，供应商将供应的零部件运送到买方那里，经过开箱、触摸、重新包装，经验收合格后，产品组装商便将其存放在仓库中备用。为确保供货不出现脱节，公司往往要储备未来一段时间内可能需要的各种零部件。这是一般的商业惯例，因此，当戴尔公司对这家电脑显示屏供应商说道：“这种显示屏我们今后会购买400万到500万台，贵公司为什么不干脆让我们的人随时需要、随时提货”的时候，商界人士无不感到惊讶，甚至以为戴尔公司疯了。戴尔公司的经理们则这样认为，开箱验货和库存零部件只是传统的做法，并不是现代企业运营所必要的步骤，遂将这些“多余的”环节给取消了。戴尔公司的做法就是，当物流部门从电子数据库得知公司某日将从自己的组装厂提出某型号电脑××部时，便在早上向这家供应商发出配额多少数量显示屏的指令信息，这样等到当天傍晚时分，一组组电脑便可打包完毕分送到顾客手中。如此，不但可以节约了检验和库存成本，也加快了发货速度，提高了服务质量。

思考：

1. 你认为，戴尔公司对电脑显示屏供应厂商是否完全放弃和取消了控制？如果是，戴尔公司的经营业绩来源于哪里？如果不是，那它所采取的控制方式与传统的方式有何不同？

2. 戴尔公司的做法对于中国的企业有适用性吗？为什么？

任务二 采购绩效评估

☞知识目标

通过本任务的学习，能够了解采购绩效的意义和原则；掌握采购绩效评估指标与标准。

☞技能目标

依据采购绩效评估指标体系与标准对采购项目进行评估。

【导入案例】

礼品公司的采购绩效管理

某礼品公司是一家专门生产贺卡和其他礼仪产品的公司。其下属机构一直是各自独立运作，缺乏统一采购的功能。在公司总经理的领导下，公司制定了采购管理的远景目标和改变采购能力的规划，并深化采购管理绩效改革，开发并实施采购绩效评估。

新的采购机制注意平衡全球战略和本地实施，提高配合优秀供应商和执行战略采购合同的质量，确定聘雇的绩效类型，制定 KPI 指标等，以及通过招聘、培训和提供恰当的工具等改善采购人员的工作绩效，提高了采购部的整体绩效水平。3 年后，该公司节省了 3200 万元的采购费用。

讨论：

1. 该礼品公司节省了大量采购费用的原因有哪些？
2. 实施采购绩效评估的途径有哪些？

一、采购绩效评估指标

1. 采购绩效评估的意义和原则

(1) 采购绩效评估的意义。

采购作为企业生产运作的一个重要环节，它的绩效对企业整体目标的实现起着很重要的作用。采购在制定了采购方针、战略、目标及实现相应目标的行动计划后，在计划实施时还需有相应的绩效指标，用于对采购过程进行检查控制，并在一定的阶段对工作进行总结，在此基础上再提出下一阶段的行动目标与计划，如此循环往复，不断改进。

采购绩效评估是对采购工作进行全面系统的评价、对比，从中判定采购所处整体水平的做法。采购绩效评估的意义在于：

第一，可以有效地保证采购目标的实现。各个企业可根据其性质和状况的不同，设定不同的采购目标，有的企业采购偏重于“防弊”，采购目标要按期、按质、按量；有的企业的采购目标则注重“兴利”，采购工作除了维持正常的产销活动外，特别注重产销成本的降低。为此，各个企业需要针对采购所追求的主要目标加以评估，并督促目标的实现。

第二，提供改进绩效的依据。企业实行的绩效评估制度可以提供客观的标准来衡量采购目标是否达成，也可以确定采购部门目前的工作绩效如何。正确的绩效评估，有助于找出采购工作的缺陷所在，从而据此拟订改善措施。

第三，作为个人或部门奖惩的参考。良好的绩效评估方法，能将采购部门的绩效独立于其他部门体现出来，并反映采购人员的个人表现，成为各种人事考核的参考资料。依据客观的绩效评估达成公正的奖惩，可以有效地调动采购人员积极性和开拓性，发挥团队合作的精神，进一步提高整个部门的效能。

第四，可以为甄选和培养优秀采购人员提供依据。根据绩效评估结果，可针对现有采购人员的工作能力缺陷，拟定培养计划，有针对性地进行专业性的教育训练，有的放矢地招募人才，建立一支优秀的采购队伍。

第五，促进各部门合作，建立利益共同体。采购部门的绩效受其他部门配合程度的影响很大，因此，采购部门的职责是否明确，表单、流程是否简单、合理，付款条件及交货方式是否符合企业管理规章制度，各部门的目标是否一致等，都可以通过绩效评估予以判定，并可以改善部门之间的合作关系，提高企业整体运作效率。

第六，提高采购人员的士气。有效而公平的绩效评估制度，可以使采购人员的努力成果获得回馈和认可。采购人员通过绩效评估，可以与业务人员或财务人员一样，显示出对公司利润的贡献，成为受到肯定的工作伙伴。由此可见，采购绩效评估不仅对采购工作，而且对企业整体运作和效益都有着不可忽视的影响。

第七，增强业务的透明度。定期报告计划的内容和实际执行的结果，可以使客户能够核实他们的意见是否被采纳，可以向客户提供建设性的反馈意见；并且，通过向管理部门提供个人和部门的业绩，有利于增强采购部门的认可程度。

（2）采购绩效考核与评估的基本原则。

采购绩效考核与评估的关键在于：一是要选择适用的衡量指标；二是绩效指标的目标值要合理；三是确定绩效指标要符合有关原则。一套完整的采购绩效考核评估体系是做好该项工作的必要保证。

采购绩效考核与评估指标的设定主要考虑采购绩效指标的选择要同企业的总体采购水平相适应。对于采购体系不太健全的单位，刚开始可以选择批次、质量合格率、准时交货等来控制和考核供应商的供应表现，而平均降价幅度则可用于考核采购部门的采购成本业绩。随着供应商管理程序的逐步健全、采购管理制度的日益完善、采购人员的专业化水平以及供应商管理水平的不断提高，采购绩效指标也就可以相应地系统化、整体化，并且不断细化。总之，绩效指标的选择要明确，尽量量化，要能得到自己、顾客及相关人员的认同，现实可行。

确定采购绩效指标目标值时要考虑以下前提：一是顾客的需求；二是所选择的目标以及指标要同本公司的大目标保持一致；三是具体设定目标时既要实事求是、客观可行，又要具有挑战性，要以过去的表现作为参考，更重要的是可与同行中的佼佼者进行比较。

2. 采购绩效考核与评估的指标和标准

采购绩效考核与评估的关键在于制定一套客观、有效、能够充分展现采购绩效、对考核对象有指导作用的指标体系。这样一套采购绩效考核指标才能充分地、真正地发挥采购绩效考核和评估的监督、激励、惩罚作用。同时，应该注意，在设定采购绩效考核与评估的指标时要确定绩效指标符合相关原则并充分考虑绩效指标的目标值。

(1) 采购绩效考核与评估的指标。

采购人员在工作职责上，必须达成适时、适量、适质、适价及适地等基本任务，并以数量化的指标作为衡量绩效的尺度。

①质量绩效指标。

质量绩效指标主要是指供应商的质量水平以及供应商所提供的产品或服务的质量表现，主要包括供应商质量体系、来料质量水平等方面，可通过验收记录及生产记录来判断。

第一，质量体系。质量体系具体指 ISO9000 的供应商比例、来料免检的供应商比例、开展专项质量改进的供应商数目及比例、实行来料质量免检的物料比例、来料免检的价值比例等。

第二，来料质量。它包括批次质量合格率、来料免检率、来料抽检缺陷率、来料返工率、来料在线报废率、退货率、对供应投诉率及处理时间等。

②数量绩效指标。

当采购人员为争取数量折扣以达到降低价格的目的时，可能导致存货过多，甚至发生废料的情况。

第一，存储费用指标。它是指现有存货利息及保管费用与正常存货水准利息及保管费用之差额。

第二，呆料、废料处理损失指标。它是指处理呆料、废料的收入与其取得成本的差额。

存货积压利息及保管的费用愈大，呆料、废料处理的损失愈高，显示采购人员的数量绩效愈差。不过此项数量绩效，有时受到公司营业状况、物料管理绩效、生产技术变更或投机采购的影响，所以并不一定完全归咎于采购人员。

③时间绩效指标。

这项指标主要是用来衡量采购人员处理订单的效率，以及对于供应商交货时间的延迟交货或提早交货所造成的缺货或者库存费用的增加控制。

第一，停工待料损失指标。停工期间作业人员薪资损失，顾客订单流失，作业人员离职以及恢复正常作业时对机器必需的各项调整。

第二，紧急采购费用指标。它是指紧急运输方式的费用与正常运输方式的差额。紧急采购会使购入的价格偏高，品质欠佳以及因为赶工必须支付额外的加班费用。

事实上，除了前述指标所显示的直接费用或损失外，尚有许多间接的损失。例如，经常停工断料，造成顾客订单流失；作业人员离职，以及恢复正常作业的机器必须作出的各项调整（包括温度、压力等）。紧急采购会使采购品的价格偏高，品质欠佳，也会产生为赶进度而额外支付的费用，这些费用与损失通常未估算在此项绩效指标内。

④价格与成本指标。

价格与成本指标是企业最重视也是最常见的绩效衡量标准。通过价格与成本指标分析，可以衡量采购人员的议价能力以及供需双方势力的情形。采购的价格与成本指标包括参考性指标和控制性指标。

第一，参考性指标。它是进行采购过程控制的依据和出发点，常提供给公司管理层作为参考，主要包括年采购总额、各采购物品年度采购基价、各供应商年采购额、各采购人员年采购额及年平均采购基价等，一般是作为计算采购相关指标的基础，同时也是展示采购规模，了解供应商负荷以及采购人员的参考数据。

第二，控制性指标。它是指展示采购改进过程及其成果的指标，如采购降价、平均付款周期、本地化比率等。

⑤采购效率指标。

采购效率指标主要是用来衡量采购人员的工作能力和效率。采购效率指标应包括以下内容：采购金额以及占销货收入的百分比、开发新厂商个数、处理订单的时间、订购单的件数、错误采购发生率、采购指标完成率、采购部门的费用等。

⑥计划绩效指标。

计划绩效指标是指供应商在实现接收订单过程、交货过程中的表现及其运作水平。它涉及采购运作、交货周期以及交货可靠性的表现。

第一，计划系统。它包括供应商采用 MRP 等计划系统的程度，实行“JIT”供应商的数目和比例，物料库存量与供应商数量、订单数量、平均订货量等。

第二，订单与交货。它包括各个供应商以及所有供应商平均的订单接受率、订单确认时间、首次交货周期、正常供货的交货周期、交货运输时间、准时交货率、交货频率、交货数量的准确率、平均收货时间、平均退货时间、退货后补货时间等。

⑦其他采购绩效指标。

其他采购绩效指标是指其他与供应商表现相关的指标等方面的指标。

第一，技术与支持。它包括采用计算机系统处理事务和业务的供应商数量、使用电子商务的供应商数量、参与本企业产品开发的供应商数量及参与的程度等。

第二，综合。它包括供应商总数、采购的物料种类以及项目数、供应商平均供应的物料项目数量、独家供应的供应商数目及比例、合作伙伴型供应商及优先型供应商的数目及比例等。

（2）采购绩效考核与评估的标准。

①历史绩效。当采购部门中无论是组织、职责或人员等在均没有重大变动的情况下，可选择企业或公司历史绩效作为评估目前绩效的基础。

②标准绩效。当历史绩效难以取得或在采购业务变化比较大的情况下，可以使用标准绩效作为衡量的基础。标准绩效设定要遵循三个原则：

第一，标准要固定。标准绩效一旦建立，就不能随意变动，要有持续性和连续性。

第二，标准要富有挑战性。标准的实现要有一定的难度，采购部门和人员必须经过努力才能完成。

第三，标准是可实现的。可实现是指在现有内外环境和条件下，经过努力，确实可以达到的水平。一般依据当前的绩效加以衡量设定。

③行业平均绩效。它可以借鉴与本企业采购组织、职责及人员等方面相似的同行其他企业或公司的绩效标准，也可以用整个行业绩效的平均水准。

④目标绩效。标准绩效是代表在现状下“应该”可以达成的工作绩效；而目标绩效则是在现状下，不经过一番特别的努力，无法完成的较高境界。目标绩效代表企业或公司管理者对工作人员追求更佳绩效的“期望值”。

二、采购绩效评估方法

设立采购绩效考核与评估指标的同时也要考虑如何实施采购考核与评估。具体要考虑以下内容：

第一，谁来考核、评估？哪些部门、哪些人员作为考核人员？

第二，考核、评估周期有多长？

第三，有哪些评估程序？

1. 采购绩效考核与评估人员

（1）采购绩效考核与评估人员的选择。

评估人员的选择与评估的目标有着密切的联系，要选择最了解采购工作情况的人员，与评估目标实现关联最密切的部门参加评估。

常选择以下几个部门和人员参加评估。

①采购部门主管。采购部门主管是对所管辖的采购人员实施采购绩效考核与评估的第一人，采购主管熟悉采购人员所做的工作，以及工作绩效的优劣，因此，由采购主管负责评估，可以更全面、公平、客观地评价每个采购人员的采购绩效，但也应考虑到主管评估可能包含一些个人情感因素，而使评估结果出现偏颇。

②财务会计部门。财务会计部门掌握着企业产销成本的所有数据，全盘管制着资金的获得与流出，因此，财务会计部门可以从采购成本的节约对公司利润的贡献、采购成本节约对资金周转的影响等方面来评价采购部门的工作绩效。

③销售部门。当采购项目的品质与数量对企业的产品质量与销售有重大影响时，销售主管人员应参与采购部门绩效的评估。

④供应商。供应商与采购人员工作接触最多、最频繁，通过了解供应商对企业采购部门或人员的意见，可以间接了解采购工作绩效和采购员素质。但对供应商的意见要全面分析，正确对待。

⑤外界专家或管理顾问。聘请外部采购专家或管理顾问，针对全盘的采购制度、组织、人员及工作绩效，做客观的分析，可以避免企业各部门之间的本位主义和矛盾。

（2）采购绩效考核与评估方式。

对采购人员进行工作绩效考核和评估，可以采用定期或不定期式的方式进行。

①定期绩效考核与评估一般以目标管理方式进行，即从各种绩效指标当中，选择当年重要性比较高的项目作为考核目标。对年终目标实际达成程度加以考核，必能提升个人或部门的采购绩效。

使用这种方法主要是以工作业绩为考核重点，比较客观公正。但应避免员工会特意追求考核目标的提高，而忽略其他方面，因此，要求目标的选择要高一些以及全面一些。

②不定期绩效考核与评估一般以特定项目方式进行，适用于新产品开发计划等。例如，企业要求某项特定产品的采购成本要低于某一比率，并以此成果给予采购人员适当的奖惩。这种评估方式对提高采购人员的士气有很大的帮助。

（3）采购绩效考核与评估方法。

采购绩效评估方法直接影响评估计划的成效和评估结果的正确与否。常用的评估方法有：

①直接排序法。在直接排序法中，主管按照绩效表现从好到坏的顺序依次给员工排序，这种绩效表现既可以是整体绩效，也可以是某项特定工作的绩效。

②两两比较法。两两比较法指在某一绩效标准的基础上把一个员工与其他员工相比较来判断谁“更好”，记录每一个员工和任何其他员工比较时认为“更好”的次数，根据次数的多少给员工排序。

③等级分配法。等级分配法能够克服上述两种方法的弊端。这种方法由评估小组或主管先拟定有关的评估项目，按评估项目对员工绩效作出粗略的排序。

2. 采购绩效考核与评估的实施

（1）采购绩效评估步骤。

①确定需要评估的绩效类型。

在采购绩效测量中，第一步就要确定公司所需评估的绩效类型。一个企业要根据自身的实际情况选择不同的绩效类型进行组合，所选择的绩效类型必须与公司及采购部门的目标和任务相结合。选择绩效类型是开发采购绩效评估系统的关键一步。

采购绩效通常分三个方面测量：采购职能部门绩效测量、采购人员绩效测量和供应商绩效测量。这三个方面的绩效均包括多个绩效类型，例如，采购职能部门的绩效类型包括财务节约、客户服务和采购系统能力。每个绩效类型可以设定不同的指标进行测量。

②具体评估指标设定。

一旦确定了绩效测量类型，接下来的工作就是确定具体的绩效测量指标，成功的采购绩效测量指标必须清晰、可衡量。所谓的清晰就是员工必须正确理解该指标的含义，并认同该指标，这样才能引导绩效按期望的结果发展。所谓可衡量是指建立的估计指标必须是能够准确测量、估计和计算的。

③建立绩效评估标准。

为每一项指标建立相应的绩效标准也是十分重要的，制定不可能完成的标准会打消采购部门的积极性，太容易达到的标准又不能发挥潜能，因此，好的绩效评估标准一定要适度。绩效测量标准必须是现实的，能够反映企业内外部的实际情况，这意味着标准是具有挑战性的，并且经过刻苦努力是可以实现的。采购绩效测量标准通常有四种设定方法：历史绩效、标准绩效、行业平均绩效、目标绩效。

④选定评估人员。

常选择以下几个部门和人员参加评估：采购部门主管、财务会计部门、销售部门、供应商、外界专家或管理顾问。

⑤确定评估时间和评估频率。

一般是每周或每月一次，在每周一或月初进行。

⑥实施评估并将结果反馈。

一般需要进行沟通、记录、评估、识别、激励等环节，也可以选择绩效面谈的方式。

（2）采购绩效评估流程。具体流程如图 4-1 所示。

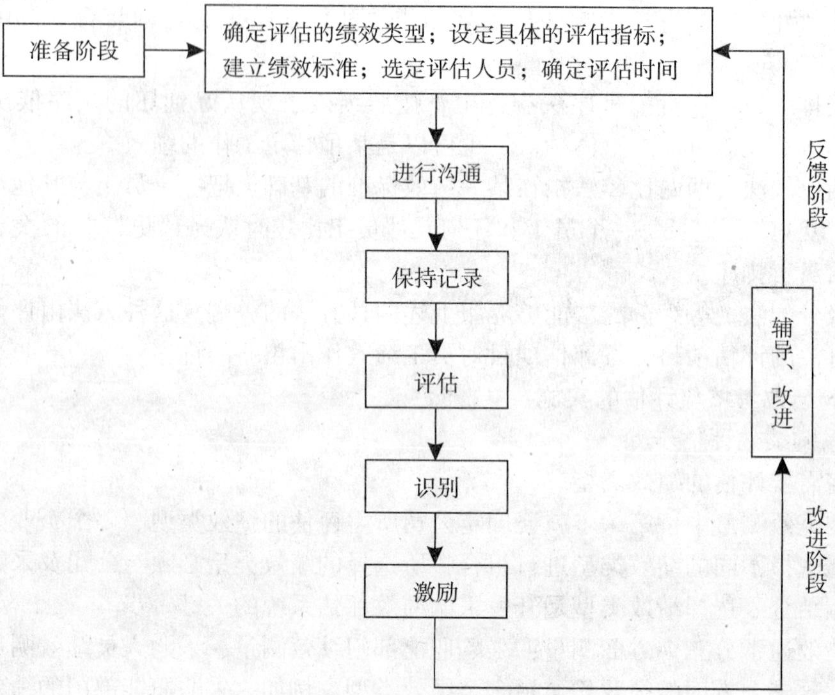

图 4-1　采购绩效评估流程图

3. 采购绩效改善措施

（1）质量改善措施。质量的好坏多用“不合格数与总商品数的比”来衡量，因此，可以采取以下几种办法：

①依据质量数值大小对供应商进行排名，并定位出前几名最差供应商，令其在规定的时间内进行改善，否则降级处分。

②对有希望的供应商帮助其进行质量改进，派出相关技术人员、质量管理人员、采购人员等组成小组，现场分析研究，一起制订改善方案。

（2）成本降低措施。成本问题多用价格差额比率来衡量。

①按照比率对供应商进行排名，对最差的几名供应商的定价合理性进行分析研究，并令其限期改进。

②对表现较好，没有欺诈行为的供应商，通过帮助其改善包装运输方式等途径来降低商品成本。对于有欺诈行为的供应商，要进行罚款、警告、终止供货合同等处分措施。

（3）挑选供应商措施。多采用及时供应率来衡量供应的好坏。

及时供应率 =（商品及时供应数/商品需求总数）×100%

因此，可采取以下的改进方法：

①依据及时供应率数值大小对供应商进行排名，定位出前几名最差的供应商，分析其原因所在，对属于供应商原因的物料，责令供应商限期改善。

②对于市场行情较好的物料，其稳定性要求较高，应提前一段时间向供应商做预测提醒，以便供应商安排适量的库存。

（4）增加采购柔性措施。拓展供应商，重点商品保证三家以上供应商供应，避免只有独家供应商以及饱和的供应商群体。

（5）考核实力措施。根据以下几个方面，针对具体供应商设计《实力问卷调查表》，通过打分的方法获得供应商的实力量化数值：

①技术水平。

②管理水平。

③指标稳定性。

④合作意识。

⑤沟通能力。

（6）评价服务措施。根据以下几个方面，针对具体供应商设计《服务问卷调查表》，通过打分的方法获得供应商的服务指标量化数值：

①商品退货配合。

②上门服务程度。

③管理水平。

④服务意识。

⑤竞争公正性表现。

⑥沟通能力。

（7）评定采购工作效率措施。

采购工作效率=（期间采购成本总额/期间工作总人数）×100%

通过以下改进方法可以提高采购工作效率：①调查行业平均水平和最高水平，分析研究寻找差距。②大多采购工作效率数值正常度与采购流程设置的合理性有关。流程简单实用，采购工作效率就会提高。

（8）测定人员流动比率。

人员流动比率=（年流入+流出人数）/总人数×100%

采购人员进出比率取值范围应是7%～15%，总体保持平衡，与业务需求相匹配。若<7%，则可能因为违反“流水不腐”的自然原则，而发生思想、技术老化等问题，进而影响采购质量、成本、供应及时性等；若>15%，则可能导致采购技术的交替传播环境不成熟，从而导致工作人员采购操作熟练程度不够等问题。

（9）测定供应商流动比率。

供应商流动比率=（年流入供应商/年流出供应商）×100%

供应商流动比率取值范围有待研究，总体上应保证采购业务的正常开展。

①常值<20%，理想数值为0。

②对垄断技术，供应商尽量不采用，仅非常重要时才使用独家供应商。

③独家供应商比率在某种程度上也反映企业产品技术的层次。新专利、新技术商品的

独家供应的可能性较高，大众商品通常不会产生独家供应商。

（10）确定订单周期。“订单周期”是采购合同中所确定采购商品从下单到完成入库的时间差额。

（11）提高库存周转率。

库存周转率＝（年销售额/年平均库存值）×100%

①根据市场预测计划和采购市场的供应行情及时进行采购；抢占以支持市场的销售计划，减少积压。

②掌握产品的生命周期，对需求不大的老产品，采购计划要小心谨慎。

【案例分析】

采购人员绩效考核实施方案

方案名称	采购人员绩效考核实施方案	受控状态	
		编　　号	

一、目的

为贯彻企业绩效考核管理制度，全面评价采购人员的工作绩效，保证企业经营目标的实现，同时也为员工的薪资调整、教育培训、晋升等提供准确、客观的依据，特制订采购人员绩效考核实施方案。

二、遵循原则

（一）明确化、公开化原则

考评标准、考评程序和考评责任都应当有明确的规定，而且在考评中应当遵守这些规定。同时，考评标准、程序和对考评责任者的规定在企业内部应当对全体员工公开。

（二）客观考评的原则

明确规定的考评标准，针对客观考评资料进行评价，避免掺入主观性和感情色彩。做到“用事实说话”，考评一定要建立在客观事实的基础上。其次，要做到把被考评者与既定标准作比较，而不是在人与人之间进行比较。

（三）差别原则

考核的等级之间应当有鲜明的差别界限，针对不同的考评评语，在工资、晋升、使用等方面应体现明显的差别，使考评带有刺激性，激励员工的上进心。

（四）反馈原则

考评结果（评语）一定要反馈给被考评者本人。在反馈考评结果的同时，应当向被考评者就评语进行说明解释，肯定成绩和进步，说明不足之处，提供今后努力方向的参考意见等。

三、适用范围

适用于本企业采购部人员，以下人员除外：

①考核期开始后进入本企业的员工。

②因私、因病、因伤而连续缺勤三十日以上者。

③因公伤而连续缺勤七十五日以上者。

④虽然在考核期任职，但考核实施日已经退职者。

续表

四、绩效考核小组成员

人力资源部负责组织绩效考核的全面工作，其主要成员包括人力资源部经理、采购部经理、采购部主管、人力资源部绩效考核专员、人力资源部一般工作人员。

五、采购绩效考核实施

（一）采购人员绩效考核指标

采购人员绩效考核以适时、适质、适量、适价、适地的方式进行，并用量化指标作为考核的尺度。主要利用采购时间、采购品质、采购数量、采购价格、采购效率五个方面的指标对采购人员进行绩效考核。量化指标如下表所示。

采购人员绩效考核指标

绩效考核方面	权重（%）	考核指标/指标说明
时间绩效	15	停工断料，影响工时
		紧急采购（如空运）的费用差额
质量绩效	15	进料品质合格率
		物料使用的不良率或退化率
数量绩效	30	呆物料金额
		呆物料损失金额
		库存金额
		库存周转率
价格绩效	30	实际价格与标准成本的差额
		实际价格与过去平均价格的差额
		比较使用时价格和采购时价格的差额
		将当期采购价格与基期采购价格的比率同当期物价指数与基期物价指数的比率进行比较
效率绩效	10	采购金额
		采购收益率
		采购部门费用
		新开发供应商数量
		采购完成率
		错误采购次数
		订单处理时间

（二）绩效考核周期

以月度为周期进行考核，采购部经理对于短期内工作产出较清晰的记录和印象以及对工作的产出及时进行评价和反馈，有利于及时地改进工作；对于周边绩效指标，以季度或年度进行考核。

续表

（三）绩效考核方法及说明

采购人员绩效考核采用量化指标与日常工作表现考核相结合来进行，量化指标占考核的70%，日常工作表现考核占30%，两次考核的总和即为采购人员的绩效。采购人员绩效考核计算方式如下：

采购人员绩效考核分数=量化指标综合考核得分×70%+日常工作表现×30%

（四）绩效考核实施

绩效考核小组工作人员根据员工的实际工作情况展开评估，员工本人将自己考核期间的工作报告在考核期间交予人力资源部，人力资源部汇总并统计结果，在绩效反馈阶段将考核结果告知被考核者本人。

（五）考核结果应用

考核结果分为五个层次（划分标准见下表），其结果为人力资源部奖金发放、薪资调整、员工培训、岗位调整、人事变动等提供客观依据。

绩效考核结果等级划分标准

杰出	优秀	中等	需提高	差
A	B	C	D	E
85分以上	85分以下~75分	75分以下~65分	65分以下~50分	50分以下

根据员工绩效考核的结果，可以发现员工与标准要求的差距，从而制订有针对性的员工发展计划和培训计划，提高培训的有效性，使员工的素质得到提高，最终为企业管理水平的提高打下坚实的基础。

（六）绩效考核实施工具

对采购人员进行绩效考核，主要的考核实施工具有采购人员绩效考核表、等级标准说明表（如下表所示）。

采购人员绩效考核表

项　目		权重（%）	等级说明					自我评分	综合得分
			杰出	优秀	中等	需提高	差		
定量指标	时间绩效	15							
	质量绩效	15							
	数量绩效	30							
	价格绩效	30							
	效率绩效	10							
定量指标权重为70%									

续表

项目		权重(%)	等级说明					自我评分	综合得分
			杰出	优秀	中等	需提高	差		
定性指标	责任感	30							
	合作度	30							
	主动性	20							
	纪律性	20							
定性指标权重为30%									
综合得分									
考核补充：									

考核人：　　　　　　　被考核人：　　　　　考核日期：　　年　月　日

等级标准说明表

项目	考核指标	指标等级划分说明				
		杰出	优秀	中等	有待提高	急需提高
时间绩效	是否导致停工	从不	没有	无记录	3次以下	3次以上
质量绩效	进料品质合格率	100%	90%	85%	65%	60%以下
	物料使用不良率	0	5%以下	5%~10%	10%~15%	15%以下
数量绩效	呆料物料金额	__万元以下	__~__万元	__~__万元	__~__万元	__万元以上
	库存周转率	__%以上	__%~__%	__%~__%	__%~__%	__%以下
价格绩效	采购成本降低	__%以上	__%~__%	__%~__%	__%~__%	__%以下
	采购价格降低额	__万元以下	__~__万元	__~__万元	__~__万元	__万元以上
效率绩效	采购完成率	__%以上	__%~__%	__%~__%	__%~__%	__%以下
	订单处理时间	__天以内	__~__天	__~__天	__~__天	__天以上
指标等级得分说明						
杰出	优秀	中等	有待提高	急需提高		
10分	8分	5分	2分	0分		

相关说明					
编制人员		审核人员		批准人员	
编制日期		审核日期		批准日期	

思考：

1. 该案例对采购人员的绩效主要从哪几个方面进行评估，你认为哪些方面可以进一步完善？

2. 该案例中对采购人员的绩效评估有何特色？

参考文献

[1][美]罗伯特·蒙茨卡，罗伯特·特伦特，罗伯特·汉德菲尔德．采购与供应链管理(第3版)[M]．电子工业出版社，2010.

[2]国务院法制办公室．中华人民共和国合同法(实用版)[M]．中国法制出版社，2012.

[3]国务院法制办公室．中华人民共和国招标投标法注解与配套[M]．中国法制出版社，2012.

[4]梁世翔．采购管理[M]．高等教育出版社，2012.

[5]鲁楠．采购管理与库存控制(第二版)[M]．大连理工大学出版社，2009.

[6]全国招标师职业水平考试辅导教材指导委员会．招标采购专业实务[M]．中国计划出版社，2012.

[7]沈默．现代物流案例分析[M]．东南大学出版社，2007.

[8]王槐林，刘昌华．采购管理与库存控制(第4版)[M]．中国财富出版社，2013.

[9]郑称德．采购与供应管理(一、二)[M]．高等教育出版社，2010.

[10]朱新民，林敏晖．物流采购管理(第2版)．机械工业出版社，2012.